Responsabilidad, rehabilitación y restitución

La perspectiva católica de la delincuencia y la justicia penal

DECLARACIÓN DE LOS
OBISPOS CATÓLICOS DE LOS ESTADOS UNIDOS

Conferencia de Obispos Católicos de los Estados Unidos
Washington, DC

El texto de *Responsabilidad, rehabilitación y restitución: Perspectiva católica de la delincuencia y la justicia penal* fue elaborado en el Comité de Política Doméstica de la United States Catholic Conference. Fue aprobado para su publicación por el pleno de obispos en su Asamblea General de noviembre de 2000 y su publicación ha sido autorizada por el abajo firmante.

Mons. William P Fay
Secretario General
NCCB/USCC

Las historias de personas involucradas en el sistema penal se usan con permiso.

Las citas bíblicas que se usan en este documento han sido tomadas de la *Biblia Latinoamericana*, Edición Pastoral © 1989, Ramón Ricciardi y Bernardo Hurault, 1972. Se usan con permiso. Se reservan todos los derechos.

Foto de portada © Corbis Images.

Primera impresión, febrero de 2001
Segunda impresión, enero de 2016

ISBN 978-1-57455-846-3

*Estamos todavía muy lejos del momento
en que nuestra conciencia pueda estar
segura de haber hecho todo lo posible
por prevenir la delincuencia y contro-
larla eficazmente para que no haga más
daño y, al mismo tiempo, ofrecer a los
involucrados en ella una manera de redi-
mirse y tener una reinserción positiva
a la sociedad. Si todos los concernidos
de una u otra manera en el problema
trataran de . . . desarrollar esta línea de
pensamiento, tal vez la humanidad en su
conjunto podría dar un gran paso hacia
delante en la creación de una sociedad
más serena y pacífica.*

SU SANTIDAD JUAN PABLO II
9 DE JULIO DE 2000

Contenido

Introducción

COMO OBISPOS CATÓLICOS, nuestra respuesta al delito en Estados Unidos es una prueba moral para nuestra nación y un desafío a nuestra Iglesia. Aunque el FBI informa que los índices de delincuencia están bajando, la delincuencia y el temor a ella siguen afectando muchas vidas y polarizando muchas comunidades. Encarcelar a más gente y, lamentablemente, ejecutar a más personas no ha dado a los estadounidenses la seguridad que buscamos. Llegó el momento para un nuevo diálogo nacional sobre la delincuencia y correctivos, justicia y misericordia, responsabilidad y tratamiento. Como católicos, debemos preguntar lo siguiente: ¿Cómo podemos restituir nuestro respeto por la ley y la vida? ¿Cómo podemos proteger y reconstruir comunidades, enfrentar el delito sin venganza y defender la vida sin tomar la vida? Estas preguntas nos plantean desafíos como pastores y preceptores del Evangelio.

Nuestras tareas son restituir un sentido de civismo y responsabilidad en la vida cotidiana, y promover la prevención de la delincuencia y su genuina rehabilitación. El bien común se ve socavado por conductas delictivas que amenazan la vida y dignidad de los demás y por políticas que parecen rendirse a los infractores de la ley (al ofrecer un mínimo tratamiento y poquísimas alternativas a imponer años en prisión o ejecutar a sentenciados por crímenes terribles).

Los nuevos enfoques deben ir más allá de las consignas del momento ("tres veces y no va más", esto es, cadena perpetua para quienes han delinquido por tercera vez, aplicada incluso por delitos menores) y las excusas del pasado (tales como "los delincuentes simplemente están atrapados por sus antecedentes"). La delincuencia, sus correctivos y la búsqueda de una verdadera comunidad requieren mucho más que los clichés políticos de conservadores y liberales.

Un enfoque católico empieza con el reconocimiento de que la dignidad de la persona humana se aplica tanto a la víctima como al agresor. Como obispos, creemos que la actual tendencia de más prisiones y más ejecuciones, con apenas un mínimo de educación y tratamiento de la drogadicción, no refleja realmente los valores cristianos y realmente no hará más seguras a nuestras comunidades. Estamos convencidos de que nuestra tradición y nuestra fe ofrecen mejores alternativas que puedan hacer a los transgresores responsables de sus actos y desafiarlos a cambiar sus vidas; extender la mano a las víctimas y rechazar la venganza; restituir un sentido de comunidad y resistir a la violencia que ha absorbido tanto de nuestra cultura.

LA DELINCUENCIA Y LA COMUNIDAD CATÓLICA

Muchas de nuestras parroquias reflejan dramáticamente los costos, humanos y de otra naturaleza, de la delincuencia. Las puertas de los templos están cerradas y los micrófonos ocultos. Las parroquias gastan más en barras para sus ventanas que en flores para sus altares. Lo que es más trágico es que entierran a jóvenes atrapados en la violencia de las pandillas y el narcotráfico o la desesperanza que lleva a niños a quitarse la vida. Estas parroquias socorren a los presos y sus familias, ofrecen ayuda y esperanza a los atrapados en la delincuencia y en el sistema penal. Luchan también por responder a las necesidades de las víctimas de la delincuencia: los padres que pierden un hijo, la anciana o el tendero que son asaltados, el niño cuyo padre o madre está en prisión.

Como obispos, preceptores y pastores, buscamos ofrecer a la discusión nacional sobre la delincuencia una perspectiva inspirada por nuestra tradición católica. Para nosotros, la delincuencia y la destrucción que trae consigo plantean cuestiones fundamentales acerca de la naturaleza de la responsabilidad personal, la comunidad, el pecado

DE LA MADRE DE UN PRESO

El sistema penal en EE.UU. desnuda a las personas, quitándoles su individualidad, estima, psiquis e incluso su espiritualidad, hasta que no les queda nada. La sociedad desestima la creación de Dios quitándole la posibilidad de redención y la oportunidad de perdón. La actitud de la sociedad es "no nos dejen verlos ni oír hablar de ellos".

El menor de nuestros siete hijos fue criado en una cariñosa familia católica. Ha pasado 14 de sus 18 años como adulto en prisión. A los 19 años, fue hallado culpable de su primer delito como consumidor y distribuidor de drogas. Fue sentenciado a 20 años en la Penitenciaría Estatal de Angola, Louisiana. Además de aprender a ser prisionero, se valió de las oportunidades de rehabilitación. Con ayuda de su familia, cursó algunos estudios universitarios. Lamentablemente, también aprendió a ser un delincuente más hábil. Esta es una de las lecciones que todos los presos aprenden bien.

Después de salir en libertad bajo palabra y trabajar productivamente como hombre libre por dos años, se "graduó" en delitos más graves. Ahora está cumpliendo sentencia en una prisión federal por asaltar un banco.

Ahora, con este ser humano único y dotado que iba a ser la alegría de mi vejez sólo podemos comunicarnos a través de visitas anuales, llamadas telefónicas y correo. Qué desperdicio de una vida y de los dones de Dios.

En mi búsqueda de respuestas, ingresé en un grupo de apoyo llamado Familias de Prisioneros auspiciado por nuestra diócesis católica. Esto llevó a la creación de una sucursal local de Ciudadanos Unidos por la Rehabilitación de Descarriados (CURE, en inglés) de Louisiana. Las actividades de CURE incluyen trabajar con la Organización de Condenados a Cadena Perpetua de la Penitenciaría de Angola para asegurar leyes más justas, un picnic anual para los Sentenciados Mayores de Angola (hombres mayores de 60 años) y la creación de un rincón para niños en la sala de visitas de varias prisiones de Louisiana.

Ahora que conozco a los presos como seres humanos individuales, me consterna ver cómo nos libramos de sus vidas. Dios nos perdone. Tiene que haber una mejor respuesta.

y la redención. Un enfoque claramente católico de estas cuestiones puede ofrecer a la sociedad otra manera de comprender y responder a la delincuencia, sus víctimas y sus autores. Sin embargo, abordamos este tema con cautela y modestia. Las causas de la delincuencia son

DE UN EX ALCAIDE DE LA OFICINA FEDERAL DE PRISIONES

Aunque trabajar en la aplicación de la ley y las prisiones es difícil y a menudo demasiado cargado de tensión y ambigüedad, he visto cómo es también una esfera donde realizar una labor noble, incluso sagrada modelada en los valores y visión cristianos. En más de 20 años de trabajar en establecimientos correccionales como oficial, alcaide y administrador, he encontrado importante mantener la visión de que tanto el personal como los prisioneros son todos hijos de Dios, aunque ciertamente los roles sean distintos. He visto que, aun en penitenciarías de alta seguridad, la mayoría de los presos quieren simplemente cumplir su sentencia en paz, en una atmósfera de seguridad y civilidad, a menudo buscando oportunidades prácticas para superarse.

Lamentablemente, pueden producirse situaciones difíciles que vayan en desmedro de estos deseos naturales. En tal escenario, es la misión particular de los trabajadores de prisiones promover dichas condiciones de civilidad y seguridad y establecer una atmósfera en que puedan florecer la esperanza y la restitución personal. Para lograr estos fines, debe controlarse a los depredadores y moderarse el conflicto entre pandillas. Deben refinarse programas efectivos de educación y tratamiento de la adicción. Deben modelarse actitudes humanas y maduras por parte del personal más joven a menudo poco estable. Ciertamente, yo y muchos otros hemos sido trabajadores penitenciarios más efectivos basándonos en la fortaleza y el modelo de Cristo, que continuamente acudía a los proscritos y pecadores y nunca dudaba de ponerse en medio de las más duras y desafiantes circunstancias con su espíritu amable pero decidido.

complejas. Las formas de superar la violencia no son simples. Las posibilidades de ser mal interpretados son muchas.

En el curso de estas reflexiones, hemos consultado con católicos involucrados en todos los aspectos del sistema de justicia penal: capellanes de prisión, oficiales de policía, fiscales, abogados defensores, jueces, agentes de vigilancia de libertad condicional, alcaides, funcionarios de reformatorios, víctimas de delitos, transgresores, familias tanto de víctimas como de transgresores y personal de tratamiento. En nuestras parroquias, escuelas y agencias de Catholic Charities, los católicos ven con sus propios ojos la aplastante pobreza y el colapso de la vida familiar que muchas veces llevan a la delincuencia, y al mismo tiempo cuidan a presos, víctimas y sus familias. Toda su experiencia y sabiduría nos han sido útiles.

Como obispos, ofrecemos una palabra de agradecimiento y de apoyo a quienes dedican sus vidas y capacidad a las tareas de protección y restitución: capellanes y voluntarios pastorales en las cárceles, oficiales de policía y de correccionales, fiscales y abogados defensores y consejeros. Llamamos a otros a unirse a ellos en un nuevo compromiso por evitar la delincuencia y reconstruir vidas y comunidades. Como ministros ordenados y consagrados al servicio, los diáconos deben sentirse especialmente motivados por el desafío de Mateo 25: "Porque . . . estuve en la cárcel y me fueron a ver". Deseamos también manifestar nuestra solidaridad con las víctimas de la delincuencia en su dolor y pérdida, insistiendo en que todas nuestras instituciones acudan en su auxilio con comprensión, compasión y curación.

Muchos católicos ayudan a evitar y controlar la delincuencia, especialmente entre nuestra juventud. Nadie puede reemplazar a los padres, pero los abuelos, pastores, entrenadores, maestros, mentores, así como vecinos, feligreses y líderes de la comunidad ayudan a guiar, hacer frente y cuidar a jóvenes en riesgo.

Al mismo tiempo, no podemos ignorar el hecho de que algunos católicos han sido declarados culpables de robo y narcotráfico, de abuso conyugal y a los hijos, incluso de violación y homicidio. En efecto, se estima que más de 37,000 presos federales (30% de la población carcelaria federal)[1] son católicos bautizados; muchos más católicos se encuentran en cárceles locales y prisiones estatales, y cientos de miles están en libertad condicional. También puede encontrarse católicos entre los delincuentes de guante blanco cuyas acciones ilegales en empresas, mercados financieros y pasillos gubernamentales dañan gravemente nuestra vida en común y estabilidad económica.

Las personas con quienes hemos consultado parecen concordar en una cosa: el status quo realmente no está funcionando; a menudo las víctimas son ignoradas, los transgresores tampoco son rehabilitados y muchas comunidades han perdido su sensación de seguridad. Todas estas personas comprometidas dijeron, con una sensación de pasión y urgencia, que el sistema está quebrado de muchas maneras. Compartimos su inquietud y creemos que este sistema no se corresponde con los mejores valores de nuestra nación ni está a la altura de nuestros principios religiosos.

A la luz de todo esto, buscamos en estas reflexiones hacer lo siguiente:

- Explorar aspectos de la delincuencia y sus castigos en nuestra sociedad
- Examinar las implicancias de la enseñanza de la Iglesia en la delincuencia y sus castigos
- Aplicar los principios de la enseñanza social católica al sistema penal y sugerir algunas orientaciones de política respecto de la delincuencia y sus castigos
- Alentar a los católicos a actuar

ALGUNOS ASPECTOS DE LA DELINCUENCIA Y SUS CASTIGOS EN ESTADOS UNIDOS

Aunque las tasas generales de la delincuencia en Estados Unidos subieron significativamente entre 1960 y 1991, las tasas de la delincuencia y victimización vienen disminuyendo de manera sostenida desde entonces.[2] Por qué ha decaído la actividad delictiva en la última década ha sido materia de considerable debate. Algunos afirman que han ayudado mucho los altos porcentajes de encarcelamiento y las sentencias más severas. Otros señalan la vigilancia de la comunidad, la prosperidad económica y el menor número de jóvenes. Los expertos no concuerdan en los factores determinantes, y sugieren que muchas fuerzas, en conjunto, han contribuido a este declive. Pero aparte de su impacto, no todos los métodos de reducción de la delincuencia son coherentes con las enseñanzas de la Iglesia y los ideales de nuestra nación. Por ejemplo, incluso si se probara que la pena de muerte fuera efectivamente un disuasivo del delito, los obispos católicos seguirían oponiéndose a su uso porque ahora hay a nuestro alcance medios alternativos de proteger a la sociedad.

Víctimas de la delincuencia en Estados Unidos: En 1998, aproximadamente uno de cada 27 estadounidenses mayor de 12 años fue víctima de un delito violento (ej., asesinato, violación/asalto sexual, robo, asalto simple y agravado), y aproximadamente uno de cada cuatro hogares estadounidenses sufrió un delito contra la propiedad (ej., robo con allanamiento de morada, robo de vehículo).[3] Los afroamericanos e hispanoamericanos han sido víctimas de la delincuencia en proporción mucho más alta que los demás. Por ejemplo, en 1990, la tasa de asesinatos de jóvenes negros fue de 140 víctimas por cada 100,000, siete veces la tasa de jóvenes blancos.[4]

También se ven afectados por la delincuencia los niños dejados en el abandono por padres encarcelados, niños que corren el riesgo de cometer actos delictivos. Un millón y medio de niños menores de 18 años (ó 2.1%) tienen uno de sus padres en una prisión estatal o federal. De estos niños, 22% son menores de 5 años y 58% menores de 10. La mayoría de los progenitores en prisión (92.6%) son los padres, y en una desproporcionada mayoría son afroamericanos (49.4%) e hispanoamericanos (18.9%). Los niños afroestadounidenses tienen nueve veces más probabilidades de tener uno de sus padres encarcelado (7%) que los niños blancos (0.8%), y los niños hispanoamericanos tres veces más (2.6%).[5]

En respuesta a tanta delincuencia y al tratamiento de los afectados por la misma, ha surgido un fuerte y creciente movimiento que aboga por las víctimas de la delincuencia y busca hacer que el sistema de justicia responda mejor a sus inquietudes.[6] Creemos que estos esfuerzos merecen apoyo. Alentamos y estamos con las víctimas y los que las ayudan. Una medida moral fundamental del sistema penal es cómo responde a los perjudicados por la delincuencia. Con demasiada frecuencia, el sistema penal desatiende el daño y necesidades de las víctimas o busca explotar su ira y dolor a favor de políticas punitivas.

Los agentes del orden y aquellos que trabajan en establecimientos correccionales no son víctimas en el sentido acostumbrado, pero se ven afectados personalmente por la delincuencia. Es un trabajo difícil especialmente para quienes trabajan en centros de reclusión de condenados a muerte y participan en ejecuciones en el curso regular de sus deberes. Ellos también necesitan muchas veces rehabilitación y compasión. Apoyamos medidas para educar, capacitar, evaluar y aconsejar a los agentes del orden, coherentes con una cultura de vida.

Los delitos de grande blanco representa también grandes costos para nuestra sociedad. Se estima que la empresa promedio pierde más de $9 diarios por empleado debido a fraude y malversación o un 6% de su ingreso anual total. Más de $400 mil millones pierden anualmente las empresas y el gobierno de EE.UU. por fraude y malversación.[7] Estos delitos muchas veces quedan sin ser reconocidos ni castigados, pero pueden tener un impacto devastador sobre empleados, inversionistas, consumidores y contribuyentes que pagan el precio de la corrupción y la deshonestidad. Todos perdemos cuando las industrias dejan de obedecer las leyes que aseguran que la tierra, el agua y el aire no sufran daño. Las personas que ocupan puestos de poder y responsabilidad tienen la obligación particular de vivir dentro de la ley y de no enriquecerse a costa de los demás.

Las condenas en Estados Unidos: Hay muchas formas de castigo para los condenados en Estados Unidos, que van desde multas y libertad condicional, campamentos bajo régimen militarizado y cuadrillas de trabajos forzados, reclusión en cárceles y prisiones y, finalmente, la pena de muerte. En 1998, el porcentaje de encarcelamiento en Estados Unidos era de 668 por cada 100,000 transgresores, lo que representa de 6 a 12 veces más que en otros países occidentales.[8] Esta asombrosa tasa de encarcelamiento se debe a políticas tales como "tres golpes y no va más" y "tolerancia cero" para infractores de las leyes antidrogas.[9] A medida que aumentan los encarcelamientos, lo mismo sucede con otras medidas punitivas. Las sentencias mínimas obligatorias son mucho más comunes, como lo es también el uso de unidades de aislamiento. Para 1997, 36 estados y el gobierno federal habían construido prisiones de máxima seguridad.[10] Estos establecimientos aíslan a los prisioneros considerados sumamente peligrosos y los confinan en pequeñas celdas individuales entre 22 y 24 horas diarias. Además, la pena de muerte se viene aplicando con creciente frecuencia. Tan sólo en Texas y Virginia se han realizado casi 300 ejecuciones desde 1976, buena parte de ellas en los últimos tres años. En California más de 500 personas esperan ejecución. Estas estadísticas y políticas reflejan iniciativas legislativas a nivel federal y estatal adoptadas por legisladores en busca de "duros con el crimen" como respuesta a coberturas de prensa a menudo sensacionalistas.

Estados Unidos gasta más de $35 mil millones anuales en medidas correctivas. En muchos estados, los presupuestos de educación, salud y servicios humanos así como de transporte público permanecen estancados o disminuyen mientras se construyen más y más prisiones.[11] El desvío de fondos públicos para la construcción de prisiones también perjudica los programas críticos de libertad condicional, casas para excarcelados, opciones de tratamiento en comunidad y otros programas posteriores al excarcelamiento. En algunas ciudades pequeñas que enfrentan pérdidas en la agricultura, minería o manufactura, los beneficios económicos de construir una prisión y ofrecer servicios relacionados son vistos como un desarrollo económico que crea nuevos y vitales empleos.[12] Sin embargo, las comunidades rurales pueden no tener la infraestructura social o física necesaria para manejar el establecimiento mismo, las necesidades de la familia del recluso o las necesidades del personal. Pero el debate público raramente fomenta un diálogo serio sobre los costos del encarcelamiento frente a alternativas menos costosas, tales como prevención, educación, esfuerzos de la comunidad y tratamiento de la drogadicción.

Características de la población reclusa: La población reclusa ha aumentado de 250,000 en 1972 a un récord de dos millones en 2000.

DEL CAPELLÁN DE UNA PRISIÓN

He tenido el privilegio de ser el capellán de presidiarios durante doce años. Durante este tiempo, han sido principalmente ellos los que me han enseñado sobre la vida. Dos presos condenados a muerte, Tracey y Randy, me mostraron que el amor puede encontrarse en los lugares más insólitos. Tracey descubrió, después de una turbulenta juventud, que las únicas dos cosas que realmente importan en la vida son el amor y las relaciones. Randy, que en verdad nunca tuvo amor en su vida, finalmente se dio cuenta de que era digno de amor a través de las muchas personas que buscaron consolarlo al enfrentar la ejecución. Para mí es irónico encontrar amor y relaciones tan profundos en un sistema que suele desconfiar de ellas y donde el amor escasea.

Sunny me enseñó que el perdón es posible incluso aunque un falso testimonio llevó a la ejecución de su esposo y la mantuvo en prisión por 17 años. Richard me ha enseñado que la esperanza es posible incluso en un sistema a menudo tan áspero y represivo que la esperanza es lo último que uno esperaría encontrar. Yvonne es para mí un ejemplo vivo de que las víctimas pueden encontrar nuevamente paz y alegría en su vida mediante la reconciliación. Walt, sargento penitenciario, me mostró claramente que el respeto y la comprensión son las mejores maneras de manejar a la gente.

Estas y muchas otras personas han sido mis maestras en la forma de vida cristiana. Me han mostrado el rostro de Jesús plenamente vivo en un sistema que a menudo trata de negar la dimensión espiritual de la rehabilitación y la restitución. Agradezco a Dios por estas relaciones que me enseñaron fortaleza, esperanza, el poder del perdón y el significado verdadero del amor. Sus vidas en la verdad de Jesús me han hecho libre.

Los afroamericanos e hispanoamericanos tienen no sólo la tasa más alta de discriminación, sino también la de encarcelamiento:

- Los afroamericanos componen el 12% de la población de Estados Unidos pero representan más del 49% de presos en cárceles estatales y federales.[13] A nivel nacional, uno de cada 10 varones afroamericanos se encuentra en prisión o en libertad condicional.[14]
- Los hispanoamericanos conforman el 9% de la población de Estados Unidos y el 19% de los presos en cárceles estatales y federales.[15]

Recientes estudios muestran que los estadounidenses de origen africano, hispano y nativo son muchas veces tratados con más dureza que otros ciudadanos en sus encuentros con el sistema penal (incluyendo actividad policial, manejo de inculpados juveniles y procesamiento y sentencias).[16] Estos estudios confirman que el racismo y la discriminación que continúan acosando a nuestra país se reflejan de manera análoga en el sistema penal.

Los internos de las prisiones presentan altos índices de consumo de drogas y alcohol, analfabetismo y enfermedades mentales. Según el Departamento de Justicia, casi dos millones de personas se encuentran tras las rejas, de las cuales

- 24% están encarceladas por delitos relacionados con las drogas y casi la mitad de ellos se encontraba bajo la influencia de las drogas o el alcohol al cometer el delito[17]
- 70% no terminó la escuela secundaria
- alrededor de 200,000 sufren de alguna forma de enfermedad mental[18]

Aunque la vasta mayoría de reclusos en Estados Unidos son hombres, el número de mujeres reclusas ha aumentado 600% desde 1980, en gran parte como resultado de leyes antidrogas más severas. Esta tasa de aumento es más alta que la tasa de aumento para hombres. El 70% de reclusas son transgresoras no violentas, y la misma cantidad ha dejado hijos, a menudo en hogares sustitutos, al entrar a prisión.[19]

Detención de inmigrantes: Los obispos tenemos una larga historia de apoyo a los derechos de los inmigrantes. Por tanto, las circunstancias especiales de los inmigrantes en centros de detención son motivo de particular preocupación. El Servicio de Inmigración y Naturalización (INS, siglas en inglés) emplea una variedad de métodos para detener inmigrantes, algunos claramente inapropiados, tales como poner a los detenidos en prisiones junto con convictos avezados o en cárceles locales donde las condiciones son deplorables.

Leyes recién promulgadas han ocasionado el triplicación del número de no ciudadanos encarcelados y en espera de su deportación, entre ellos mujeres y niños.[20] Ahora el INS tiene la obligación de detener y deportar inmigrantes que hayan cometido algún delito menor en el pasado, aun si han cumplido con la sentencia respectiva y ahora son miembros de la sociedad que contribuyen a ella. Muchas de estas personas (se calcula unos cinco mil de alrededor de veinte mil inmigrantes detenidos por el INS) pasan meses o incluso años en centros de detención debido a que su país de origen les niegan la repatriación. Otros languidecen víctimas de la abrumadora burocracia del INS. Estas largas estadías en prisión causan considerable penuria en otros familiares que viven en Estados Unidos o en su país de origen, muchos de los cuales han dependido de los ingresos de la persona encarcelada.

Además, nuevas normas permiten la "expulsión expeditiva" de personas que buscan asilo, proceso por el cual funcionarios del INS envían a su país de origen a quienes huyen de persecución en éste. Los que no son rápidamente devueltos son colocados en centros de detención durante semanas, o incluso meses, hasta que reciben audiencia para solicitar asilo.

Transgresores y tratamiento: Desde los años 70 ha tenido lugar un considerable debate en Estados Unidos sobre si los programas de tratamiento funcionan y en qué medida lo hacen.[21] Cuidadosas revisiones de la información sobre rehabilitación han concluido que el tratamiento sí reduce la reincidencia. Sin embargo, ningún tipo de tratamiento o programa de rehabilitación, por sí solo, funciona para todos los transgresores. La eficacia de los programas depende de muchas cosas, incluyendo el tipo de delito, la calidad del programa y el apoyo de la familia, iglesia y comunidad.

Un área de actividad delictiva que parece responder al tratamiento es el consumo de drogas y alcohol. Se está aprendiendo más sobre cómo el consumo de drogas y alcohol y la delincuencia están vinculados en Estados Unidos. Según un informe del Instituto Nacional de Justicia, al momento de su arresto, el análisis de drogas dio positivo, en por lo menos una droga, en dos tercios de los delincuentes adultos y la mitad de los juveniles.[22] Recientes estudios a nivel nacional han concluido que el tratamiento contra las drogas está reduciendo el uso de drogas, la actividad delictiva y los problemas de salud física y mental, así como aumentando el potencial para obtener empleo.[23]

Estos estudios sugieren también que el tratamiento contra las drogas es un método muy efectivo en términos de costo para reducir el abuso de sustancias y la delincuencia.[24] El ahorro a los contribuyentes por un tratamiento de calidad del abuso de sustancias comparado con el encarcelamiento es significativo (tres a uno en un reciente estudio de la Corporación RAND).[25] Además, los programas comunitarios sobre abusos de sustancias y programas que abordan conductas que llevan a la gente a la delincuencia son mucho menos costosos que programas similares aplicados en prisión y producen resultados efectivos y alentadores.[26] Finalmente, nuevos estudios confirman lo que nuestra experiencia pastoral ha demostrado: que la curación física, conductual y emocional ocurre más pronto y con resultados más duraderos si va acompañada de curación espiritual.[27] El acceso al culto y la formación religiosa no sólo está garantizada por la Constitución, sino que es un elemento significativo para reconstruir vidas y cambiar conductas.

Ahora prestemos atención a nuestra tradición católica y examinemos cómo podría ayudar a estructurar la respuesta del país contra la delincuencia.

Herencia bíblica, teológica y sacramental

TODOS LOS DÍAS LOS CRISTIANOS oramos por justicia y misericordia en la oración que nos enseñó Jesús: "Venga tu Reino, hágase tu voluntad, así en la tierra como en el Cielo". Todos los días los cristianos reconocemos que somos culpables de pecado y que a la vez somos perdonados: "Perdona nuestras ofensas, como también nosotros perdonamos a quienes nos ofenden". Esta oración de todos los días, el Padrenuestro, admite nuestras fallas y ofensas y reconoce nuestra dependencia del amor y misericordia de Dios.

Nuestra fe católica puede ayudarnos a nosotros y a los demás a ir más allá del debate actual y llegar a una más profunda comprensión de cómo rechazar la delincuencia, ayudar a curar a sus víctimas y procurar el bien común. Deseamos alejarnos de los enfoques "suaves" o "duros" del crimen y castigo ofrecidos por los extremos opuestos del espectro político.

San Pablo trazó nuestra tarea cuando nos dijo: "examínenlo todo y quédense con lo bueno. Eviten toda clase de mal" (1 Tes 5:21). El apóstol nos llama a afirmar las demandas tanto de justicia como de misericordia, el lugar del castigo y el perdón, y la realidad del libre albedrío y las malas opciones.

DE VÍCTIMA A DEFENSOR DE VÍCTIMAS

En abril de 1982, mi esposo y yo enfrentamos el más grande desafío de nuestras vidas cuando nuestra hija, Stephanie, fue secuestrada, brutalmente violada, torturada y asesinada por dos jóvenes que la encontraron cuando se le averió el auto en un camino rural. Además del indescriptible horror de los actos cometidos contra nuestra hija y la devastación de nuestro dolor y pérdida, nada nos preparó para tratar con la confusión, temor y frustración del sistema penal.

El efecto acumulativo de esta experiencia por poco nos destruyó. Mi esposo y yo tuvimos que explicar a nuestros otros cuatro hijos que, a diferencia de los hombres que le arrebataron la vida a su hermana, nosotros no teníamos ningún derecho a información, ningún derecho a observar el juicio, y ningún derecho a hablar al tribunal sobre el impacto del crimen en nuestras vidas..., y, lo más difícil de explicar, que el sistema penal en que les habíamos enseñado a creer, a confiar y a respetar procedía así responsablemente. Todo lo que ellos valoraban —la fe en Dios, la confianza en el sistema judicial y la fe en sus congéneres— sufrió una ruda prueba.

En Estados Unidos, la historia nos dice que, en cierto modo, el sistema penitenciario se construyó sobre una visión moral de la persona humana y la sociedad, una visión que combinaba un reavivamiento espiritual con los castigos y la corrección.[28] Pero a lo largo del camino esta visión a menudo se ha ido perdiendo. La evidencia nos rodea: abuso sexual y físico entre internos y a veces por parte de agentes carcelarios, violencia de pandillas, división racial, ausencia de oportunidades educativas y programas de tratamiento, creciente uso de unidades de aislamiento, y disposición de la sociedad a enviar a niños a prisiones para adultos; todo lo cual contribuye a un alto porcentaje de un alto porcentaje de reincidencia. Nuestra sociedad parece preferir el castigo a la rehabilitación y la retribución a la restitución, lo cual indica que no se ha llegado a reconocer a los prisioneros como seres humanos.

En cierto modo, un enfoque de la justicia penal inspirado por una visión católica es una paradoja. No podemos tolerar y no toleraremos conductas que amenacen vidas y violen los derechos de los demás.

Creemos en la responsabilidad, la rendición de cuentas y la legítima sanción. Los que hacen daño a otros o dañan la propiedad deben ser hechos responsables por el daño que han causado. La comunidad tiene el derecho de establecer y aplicar leyes que protejan a la gente y contribuyan al bien común.

Al mismo tiempo, un enfoque católico no abandona a quienes violan estas leyes. Creemos que tanto víctimas como transgresores son hijos de Dios. A pesar de los muy diferentes derechos que puedan reclamar a la sociedad, su vida y dignidad deben ser protegidas y respetadas. Buscamos justicia, no venganza. Creemos que las penas deben tener propósitos claros: proteger a la sociedad y rehabilitar a quienes violen la ley.

Creemos que una visión católica de la delincuencia y la justicia penal pueden ofrecer algunas alternativas. Al comprender la necesidad de que el transgresor acepte su responsabilidad y también de que reciba una oportunidad de rehabilitación, esta visión reconoce que tanto las causas fundamentales como las opciones personales pueden ser factores del delito. Un enfoque católico nos lleva a promover modelos de justicia restitutiva que busquen abordar la delincuencia en términos del daño hecho a las víctimas y comunidades, no simplemente como una violación de la ley.

FUNDAMENTOS BÍBLICOS

El Antiguo Testamento nos ofrece una rica tradición que demuestra tanto la justicia como la misericordia de Dios. El Señor ofreció a su pueblo Diez Mandamientos, reglas de vida muy básicas a partir de las cuales los israelitas formaron sus propias leyes en una relación de alianza con Dios. Se exigía castigo, se demandaban reparaciones y se restablecían relaciones. Pero el Señor nunca abandonó a su pueblo a pesar de sus pecados. Y en tiempos de agitación, las víctimas confiaban en el amor y misericordia de Dios, y luego entre sí para encontrar consuelo y apoyo (Is 57:18-21; Sal 94:19).

DE UNA MUJER EN PRISIÓN

Mis delitos están vinculados a las drogas, y se remontan a una niñez de maltrato y abandono. Las drogas fueron el único escape que conocía, y ahora enfrento una larga condena en prisión. Me gustaría poder terminar mi educación, aprender buenas habilidades laborales, amarme como persona y continuar con el crecimiento espiritual que he empezado mediante la ayuda de los capellanes de aquí, de la cárcel. Algún trabajo de autoayuda mientras estamos encarceladas ayudaría a cambiar nuestra conducta negativa en acción positiva. Necesitamos buenos modelos en la cárcel, no tratamiento abusivo. ¡De eso ya hemos tenido bastante!

Tal como Dios nunca nos abandona, así también nosotros debemos estar en mutua alianza. Todos somos pecadores, y nuestra respuesta al pecado y los defectos no debe ser el abandono y la desesperación, sino por el contrario la justicia, la contrición, la reparación y el retorno o reintegración de todos a la comunidad.

El Nuevo Testamento se basa en esta tradición y la extiende. Jesús demostró su decepción con quienes oprimían a los demás (Mt 23) y con quienes profanaban los lugares sagrados (Jn 2). Al mismo tiempo, rechazó el castigo por el castigo mismo, haciendo ver que todos somos pecadores (Jn 8). Jesús rechazó también la venganza y las represalias, y siempre tuvo la esperanza de que los transgresores transformaran su vida y se acogieran al amor de Dios.

Jesús, prisionero él mismo, nos llama a visitar a los encarcelados y a cuidar de los enfermos (incluyendo víctimas de la delincuencia), los sin techo y los hambrientos (Mt 25). Su misión empezó proclamando la buena nueva a los pobres y la liberación de los cautivos (Lc 4). En nuestros días, estamos llamados a encontrar a Cristo en los niños en riesgo, los jóvenes en problemas, los presos de nuestras cárceles y los que esperan ejecución, y las víctimas de la delincuencia que experimentan dolor y pérdida.

La parábola del buen samaritano (Lc 10), quien hizo todo lo que pudo para ayudar a una víctima de la delincuencia, un forastero, es un modelo para nosotros hoy en día. Debemos estar dispuestos a detenernos a ayudar a las víctimas de la delincuencia a recobrarse de sus heridas físicas y emocionales.

La parábola del hijo pródigo (Lc 15) nos muestra el amor de Dios por nosotros e ilustra cómo debemos amarnos unos a otros. A pesar de la vida disipada de su hijo menor y el derroche de su herencia, el padre celebra su regreso a casa, reconociendo que su hijo ha mostrado contrición y ha cambiado su vida. Los perdidos que han sido encontrados han de ser bienvenidos y festejados, no rechazados ni tratados con resentimiento. El papa Juan Pablo II dijo:

> Lo que Cristo está buscando es una aceptación confiada, una actitud que abra el espíritu a decisiones generosas destinadas a rectificar el mal cometido y promover lo bueno. A veces esto implica un largo viaje, pero un viaje siempre estimulante, pues es un viaje que no se hace solo, sino en compañía de Cristo mismo y con su apoyo . . . Él nunca se cansa de alentar a cada persona a lo largo del camino a la salvación.[29]

HERENCIA SACRAMENTAL E HISTÓRICA

Nuestra vida sacramental nos puede ayudar a dar sentido a nuestro paradójico enfoque del delito y los castigos. Los sacramentos de penitencia y eucaristía son encuentros reales con el Señor Salvador y señales católicas centrales de verdadera justicia y misericordia. A los pecadores se los anima a asumir su responsabilidad y a enmendar sus pecados; sin embargo, nunca renunciamos a la esperanza de que puedan ser perdonados y restituirse a la comunidad.

Los cuatro elementos tradicionales del sacramento de la penitencia tienen mucho que enseñarnos acerca de asumir responsabilidades, hacer enmienda y reintegrarse a la comunidad:

- Contrición: Pesar, arrepentimiento o aflicción genuinos por los males cometidos por uno y una seria determinación a no repetir lo malo
- Confesión: Claro reconocimiento y verdadera aceptación de la responsabilidad por la conducta dañina
- Satisfacción: La señal externa del deseo de uno de enmendar su vida (esta "satisfacción", en la forma de oraciones o de buenas acciones, es una forma de "compensación" o restitución por los males o daños causados por el pecado de uno)
- Absolución: Después que alguien ha mostrado contrición, reconocido su pecado y ofrecido satisfacción, Jesús, mediante el ministerio del sacerdote y en compañía de la comunidad eclesiástica, perdona el pecado y acoge a la persona de regreso a la "comunión".

Siglos atrás, Santo Tomás de Aquino nos enseñó que el castigo a los malhechores está claramente justificado en la tradición católica, pero nunca está justificado en sí mismo. Una comunidad compasiva y un dios amante buscan la rendición de cuentas y la corrección pero nunca el sufrimiento por el sufrimiento mismo. El castigo debe tener un propósito constructivo y redentor.

Hoy en día estas enseñanzas tradicionales dan forma todavía al modo en que entendemos el castigo. Empezamos con la creencia en la existencia de una ley moral natural que reside dentro de los corazones de los individuos y dentro de la vida de la comunidad. Este código moral es común a todos los pueblos y nunca se ve excusado por completo por las circunstancias externas. Todos hemos nacido con libre albedrío, el cual debe ser nutrido y moldeado por las disciplinas espirituales, intelectuales, emocionales y físicas y por la comunidad. Aunque no todos tenemos la misma capacidad de ejercer el libre albedrío, cada persona es responsable de sus acciones y será juzgada por éstas

REFLEXIONES DE UN JUEZ

He sido juez instructor en una importante ciudad estadounidense por más de una década. En estos años, el mayor porcentaje de mi tiempo profesional lo he empleado presidiendo en presidir procesos penales. He mirado cara a cara a más de dos mil acusados hombres y mujeres. La mayoría de ellos lleva en la mirada vergüenza, temor o profunda depresión. Unos cuantos caminan confiados y dispuestos para el combate jurídico.

Conforme cada caso avanza lentamente por "el sistema", se van registrando enormes números de declaraciones de culpabilidad. En menos de 3% de los casos, la cuestión de la culpabilidad o inocencia debe ser decidida por un jurado. Cualquiera sea el modo en que se determine la culpabilidad, la sentencia adecuada la mayoría de veces queda a mi cargo (aunque muchas jurisdicciones han instituido algún tipo de políticas de determinación de sentencias).

En muchos casos, rezo: "¿Cuál es la manera correcta de proceder en este caso, Señor?" "¿Puede este acusado o esta acusada rehabilitarse?" "¿En qué grado se le debe castigar?" "¿Quién es la víctima y quién debe ser protegido?" En un caso de violencia doméstica, robo o intrusión, se identifica fácilmente a la víctima. ¿Pero cómo es en casos de distribución o posesión de drogas? La víctima puede incluir no sólo a la comunidad que sufre con este tráfico, sino también al drogadicto o drogadicta y su familia.

Al aplicar sentencia, no puedo olvidar que un vendedor de drogas caminará entre nosotros nuevamente. Si yo (y quienes ejecutan mi orden de aplicar sentencia) no procedo responsablemente, el acusado de hoy ingresará otra vez a nuestra vecindad mañana con mayor extravío, disfuncionalidad y quizás incluso ira.

Aunque me choca la inmensa indiferencia que plaga el sistema penal, el establecimiento de un "tribunal antidrogas" —donde jueces y otros profesionales de la justicia penal se unen para tratar el flagelo de la drogadicción— es alentador. Con demasiada frecuencia, sólo estamos dispuestos a encerrar a los infractores, no a rehabilitarlos. Nuestros "males sociales" necesitan cura, no cuatro paredes.

Mientras me esfuerce humildemente por hacer lo cristiano (llevando a la vez la toga de servidor público), creo que todo estará en buenas manos. Pero me gustaría ver algún liderazgo tangible aquí en el terreno de la realidad.

según el potencial que le ha sido dado. Creemos que es Dios quien en último término juzga la motivación, la intención y las fuerzas que dan forma a las acciones de una persona.

ENSEÑANZA SOCIAL CATÓLICA

La enseñanza social católica ofrece orientaciones así como medidas para nuestra respuesta a la delincuencia y la justicia penal.

Vida y dignidad humana: El punto de partida fundamental para toda la enseñanza social católica es la defensa de la vida y dignidad humana: todo ser humano es creado a imagen y semejanza de Dios y tiene una dignidad, valía y mérito inviolables, sin consideración de raza, género, clase u otras características humanas. En consecuencia, tanto la víctima más herida como el criminal más desalmado conservan su humanidad. Todos están creados a la imagen de Dios y poseen una dignidad, valía y mérito que deben ser reconocidos, promovidos, salvaguardados y defendidos. Por esta razón, todo sistema penal debe proveer a las necesidades que permitan a los reclusos vivir con dignidad: alimento, vestido, cobijo, seguridad personal, atención médica oportuna, educación y trabajo significativo adecuados a las condiciones de la dignidad humana.[30]

La dignidad humana no es algo que ganemos por nuestra buena conducta; es algo que tenemos como hijos de Dios. Creemos que como todos somos creados por Dios, "ninguno de nosotros es la suma total del peor acto que hayamos cometido . . . Como gente de fe, creemos que la gracia puede transformar incluso a los seres humanos más endurecidos y crueles".[31]

También las víctimas deben tener la ayuda de la comunidad de fe en la recuperación de su dignidad. Ser excluidas de los procesos seguidos contra sus ofensores, ser ignoradas por amigos y familiares, o ser abandonadas por la comunidad de fe debido a que su profundo pesar es perturbador sólo sirve para aislar aún más a las víctimas y les niega su dignidad. Todos nosotros estamos llamados a estar con las víctimas en su dolor y en su búsqueda de curación y justicia genuina.

Esto, naturalmente, incluye a los hijos de los encarcelados, quienes se ven también gravemente perjudicados por las faltas de sus padres.

Derechos humanos y responsabilidades: Nuestra tradición insiste en que toda persona tiene tanto derechos como responsabilidades. Tenemos el derecho a la vida y a las cosas que hacen humana la vida: fe y familia, alimento y cobijo, vivienda y atención médica, educación y seguridad. Tenemos también responsabilidades con nosotros mismos, con nuestras familias y con la comunidad en general.

La delincuencia y sus correctivos se encuentran en la intersección de los derechos y las responsabilidades. Quienes cometen delitos violan los derechos de los demás y hacen caso omiso de sus responsabilidades. Pero la prueba para el resto de nosotros es si ejerceremos nuestra responsabilidad de hacer que el transgresor o transgresora rinda cuentas sin violar sus derechos básicos. Incluso los transgresores deben ser tratados con respeto por sus derechos.

Familia, comunidad y participación: Creemos que el ser humano es social. Nuestros derechos, responsabilidades y dignidad cobran realidad en relación con los demás, y la primera entre éstos es la familia. La desintegración de la vida familiar y de la comunidad ha sido uno de los factores que más han contribuido al delito. Apoyar y reconstruir los lazos familiares debe ocupar el centro de los esfuerzos por evitar y responder a la delincuencia. Instalar las prisiones en zonas remotas disminuye los contactos con los familiares cercanos y socava las conexiones familiares que podrían ayudar a la restitución, especialmente de los transgresores jóvenes.

Igualmente, mantener las relaciones con la comunidad y la familia puede ayudar a los transgresores a comprender el daño que han hecho y prepararlos para su reintegración a la sociedad. El aislamiento puede ser necesario en algunos casos raros; pero si bien cortar todo contacto familiar puede hacer el encarcelamiento más fácil para los que están a cargo, puede hacer más difícil la reintegración para los que están en custodia.

El principio de la participación es especialmente importante para las víctimas del delito. A veces las víctimas son "usadas" por el sistema penal o los intereses políticos. Mientras la acusación fundamenta el caso, el daño y pérdida de la víctima puede ser visto como una herramienta para obtener veredictos de culpabilidad y duras sentencias. Pero no se toma en cuenta realmente la necesidad de la víctima de ser escuchada y curada.

El bien común: La dimensión social de nuestra enseñanza nos lleva al bien común y su relación con el castigo. Según el *Catecismo de la Iglesia Católica*, las penas aplicadas por las autoridades civiles a la actividad delictiva deben servir tres propósitos principales: (1) la preservación y protección del bien común de la sociedad, (2) la restitución del orden público y (3) la restitución o conversión del transgresor.[32]

El concepto de "desagravio", o reparación del daño hecho a las víctimas y a la sociedad por la actividad delictiva, es también importante para restituir el bien común. Esta dimensión del castigo, a menudo obviada, permite a las víctimas pasar de un estado de dolor e ira a otro de rehabilitación y resolución. En nuestra tradición, restablecer el equilibrio de los derechos mediante la restitución es un importante elemento de justicia.

La opción para los pobres y vulnerables: Este principio de la enseñanza social católica reconoce que toda política pública debe ser valorada según cómo afecte a las personas más pobres y vulnerables de nuestra sociedad. A veces las personas que carecen de recursos adecuados desde muy temprano (ej., los niños —especialmente los que han recibido abusos físicos, sexuales o emocionales—, los mentalmente enfermos, y gente que ha sufrido discriminación) se vuelven a una vida la delincuencia por desesperación, exasperación o confusión. Las necesidades no satisfechas —como nutrición adecuada, refugio, atención de la salud y protección del abuso y abandono— pueden ser escalones en el camino hacia la delincuencia. Nuestro rol como Iglesia es trabajar continuamente para atender estas necesidades mediante el servicio pastoral, la caridad y la defensa y promoción.

Subsidiaridad y solidaridad: Estos dos principios reconocen que la dignidad humana y los derechos humanos son promovidos en comunidad. La subsidiaridad llama a resolver los problemas inicialmente al nivel de la comunidad: familia, barrio, ciudad y estado. Sólo cuando los problemas se vuelven demasiado grandes o el bien común se ve claramente amenazado es que se requiere la ayuda de instituciones mayores. Este principio alienta a las comunidades a estar más involucradas. La actividad delictiva es en gran parte una problemática local y, en la medida de lo posible, debe tener soluciones locales. Grupos de rondas vecinales, vigilancia enfocada en la comunidad, funcionarios de coordinación con las escuelas, centros vecinales de tratamiento y apoyo local a ex transgresores pueden ser formas de hacer frente a la delincuencia y el temor a la misma en las comunidades locales.

La solidaridad reconoce que "todos somos verdaderamente responsables de todos".[33] No sólo somos responsables de la seguridad y del bienestar de nuestra familia y nuestro vecino, sino que la solidaridad cristiana demanda que trabajemos por la justicia más allá de nuestros límites. A los cristianos se les pide ver a Jesús en el rostro de cada cual, incluyendo tanto víctimas como agresores. Mediante el lente de la solidaridad, quienes cometen delitos y son dañados por el delito no son temas o problemas; son hermanas y hermanos, miembros de la misma familia humana. La solidaridad nos llama a insistir en la responsabilidad y buscar alternativas que no simplemente castiguen, sino que rehabiliten, curen y restituyan.

Fundamentos y orientaciones de política

A LA LUZ DE ESTE MARCO MORAL, buscamos enfoques que entiendan al delito como una amenaza a la comunidad, no sólo como una violación de la ley; que demanden nuevos esfuerzos para reconstruir vidas, no sólo construir más prisiones, y que demuestren compromiso con una reelaboración de un tejido social más amplio de respeto por la vida, civismo, responsabilidad y reconciliación. Debe desarrollarse nuevos enfoques sobre los siguientes fundamentos:

(1) *Proteger a la sociedad de quienes amenacen la vida, inflijan daño, sustraigan propiedad y destruyan los lazos de la comunidad.*

La protección de la sociedad y sus miembros frente a la violencia y la delincuencia es un valor moral esencial. La delincuencia, especialmente la que es violenta, no sólo pone en peligro a los individuos, sino que despoja a las comunidades de una sensación de bienestar y seguridad, y de la capacidad de proteger a sus miembros. Todas las personas deben poder vivir en seguridad. Las familias deben poder criar a sus hijos sin temor. Separar a las personas peligrosas de la sociedad es esencial para asegurar la seguridad pública. Y la amenaza de encarcelamiento, en efecto, persuade de no cometer algunos delitos (ej., sanciones más severas para conductores ebrios junto con una campaña de educación pública parecen haber reducido dramáticamente las cifras de conductores intoxicados en nuestras carreteras).[34] Sin embargo, el castigo por el castigo mismo no es una respuesta cristiana al delito. El castigo debe tener un propósito. Debe ir acompañado con el tratamiento y, de ser posible, con la restitución.

(2) *Rechazar soluciones simplistas tales como "tres veces y no va más" y aplicación rígida de sentencias obligatorias.*
Las causas de la delincuencia son complejas y los esfuerzos por combatirla son complicados. Las soluciones iguales para todos los casos son con frecuencia inadecuadas. Los estudios y la experiencia muestran que la combinación de responsabilidad y flexibilidad funciona mejor con quienes están tratando de cambiar su vida. En la medida de lo posible, debemos apoyar soluciones basadas en la comunidad, especialmente para transgresores no violentos, porque se pone mayor énfasis en el tratamiento y restablecimiento del delincuente, y restitución y cura de la víctima. Debemos renovar nuestros esfuerzos para asegurar que la pena corresponda al delito. En consecuencia, no apoyamos la aplicación de sentencias obligatorias que reemplazan las apreciaciones de los jueces con rígidas formulaciones.

Los obispos no podemos apoyar políticas que tratan a transgresores jóvenes como si fueran adultos. Las acciones de los jóvenes más violentos nos dejan asombrados y atemorizados y en consecuencia deben ser separados de la sociedad hasta que dejen de ser peligrosos. Pero la sociedad nunca debe responder a los niños que han cometido delitos como si fueran de algún modo iguales a los adultos, plenamente formados en el uso de su razón y plenamente conscientes de sus acciones. Poner a los niños en cárceles de adultos es una señal de fracaso, no una solución. En muchos casos, una conducta tan terrible nos hace ver nuestra negligencia para criar a los niños con respeto por la vida, proporcionarles un entorno de amor y protección o tratar enfermedades mentales o emocionales serias.

DE UN FISCAL DE DISTRITO

Como fiscal católico, constantemente me veo ante el reto de considerar los dictados de mi fe en el contexto de las decisiones que tomo como parte acusadora. Estas decisiones van desde presentar cargos criminales, considerar si un acusado admite delitos menores para evitar cargos más graves, y tomar decisiones de política en justicia penal para mi comunidad, hasta la más seria de todas las cuestiones: si buscar o no la pena de muerte. Dos aspectos de mi fe me fortalecen en estos empeños: (1) mi profundo compromiso con la problemática de la justicia social y (2) mi abrumadora creencia en el poder de la oración para guiarnos. Ambos son productos de mi fe católica y de la enseñanza de la Iglesia. He sido afortunado en haber sido versado en la enseñanza católica toda mi vida, y ella actúa como una poderosa influencia para mí.

Las decisiones que tomo suelen ser difíciles; algunas pueden incluso parecer contrarias a la enseñanza de la Iglesia. Pero yo soy un funcionario electo que ha prestado el juramento de hacer respetar las leyes civiles de este estado, incluso aquellas sobre las cuales abrigo algún desacuerdo o duda. Como fiscal y católico, me doy cuenta de que la Iglesia puede tener alguna capacidad para cambiar las leyes que no concuerden con sus enseñanzas. Sin embargo, la Iglesia debe también enfocar sus esfuerzos en acudir en auxilio de individuos que ya se encuentran en el sistema o de quienes están encaminados hacia éste debido a los riesgos de su conducta. Y finalmente, pediría que los católicos oren constantemente por mí, y por aquellos como yo, que se esfuerzan por la justicia todos los días en un mundo imperfecto y en un sistema imperfecto.

(3) *Promover esfuerzos serios para prevenir la delincuencia y reducir la pobreza.*

Factores socioeconómicos tales como extrema pobreza, discriminación y racismo contribuyen seriamente a la delincuencia. Lamentablemente, el racismo suele moldear en Estados Unidos actitudes y políticas hacia la delincuencia y la justicia penal. Lo vemos en el desempleado y en el pobre, en el que es víctima del delito y en el que está en prisión, carente de asesoría legal adecuada, y el que está esperando ejecución. No podemos ignorar el hecho de que una quinta parte de nuestros niños en edad preescolar está creciendo en la pobreza y que muchísimos de ellos se

RENOVAR NUESTRO LLAMADO PARA ABOLIR LA PENA DE MUERTE

En estas reflexiones, los obispos nos hemos enfocado en cómo nuestra fe y enseñanzas pueden ofrecer una perspectiva distintivamente católica sobre el delito y el castigo, la responsabilidad y la rehabilitación. Estas reflexiones no se enfocan en la pena de muerte como nuestra preocupación principal. Sin embargo, en este contexto deseamos renovar nuestro llamado a eliminar la pena capital.

La aplicación de la pena de muerte es vista a menudo como una de las grandes señales de los defectos dentro del sistema penal estadounidense. La pena capital es cruel, innecesaria y arbitraria; a menudo tiene matices raciales,[1] y va en contra de nuestra profunda convicción de que toda vida humana es sagrada. "Nuestro testimonio por el respeto a la vida es más patente cuando exigimos respeto por cada vida humana, incluyendo la vida de los que fallan en mostrar este respeto por los demás. El remedio a la violencia es amor, no más violencia."[2]

En este llamado sumamos nuestras voces al testimonio profético del papa Juan Pablo II, quien, la última vez que visitó nuestra nación, apeló a poner fin a la pena capital:

> La nueva evangelización requiere discípulos de Cristo que incondicionalmente estén a favor de la vida: que proclamen, celebren y sirvan el Evangelio de la vida en cualquier situación. Una señal de esperanza es el creciente reconocimiento de que no debe arrebatarse la dignidad de la vida humana, aun en el caso de alguien que ha cometido un delito abominable. La sociedad moderna dispone de los medios necesarios para protegerse sin que de forma definitiva se tenga que negar a los delincuentes la oportunidad de reformarse (cf. *Evangelium Vitae*, N° 27). Renuevo el llamado que hice recientemente, durante la Navidad, para que se llegue a un consenso para poner fin a la pena de muerte, que es tanto cruel como innecesaria.

Unimos nuestro llamado a la posición de la Iglesia universal. El texto promulgado del *Catecismo de la Iglesia Católica* declara:

> Si los medios incruentos bastan para defender las vidas humanas contra el agresor y para proteger de él el orden público y la seguridad de las personas, en tal caso la autoridad se limitará a emplear sólo esos medios, porque ellos corresponden mejor a las condiciones

concretas del bien común y son más conformes con la dignidad de la persona humana (N° 2267).

Y nos unimos a quienes trabajan por eliminar la pena de muerte, en su testimonio en las prisiones cuando se ejecuta personas, en capitales de estado en todo nuestro país, en tribunales y cárceles de toda la nación, y en el Congreso, donde se están debatiendo esfuerzos para abolir o limitar la pena de muerte. Apoyamos los llamados a una moratoria de las ejecuciones y saludamos la valentía de líderes que están trabajando para hacer frente a los evidentes defectos de la pena de muerte.

Sabemos que la cuestión no es simple. La enseñanza católica se ha desarrollado con el tiempo y ha habido diversos puntos de vista sobre la aplicación de estos principios. Sin embargo, al empezar este nuevo milenio, el papa Juan Pablo II, los obispos católicos de EE.UU. y el *Catecismo de la Iglesia Católica*[3] expresan juntos la fuerte convicción de que la pena capital no debe usarse ya que hay mejores maneras de proteger a la sociedad, y que la pena de muerte disminuye el respeto por la vida humana.

Nos sentimos alentados por pequeñas pero crecientes señales de que el apoyo a la pena de muerte se está erosionando y que la pena capital está siendo reconsiderada. La gente está preguntando si realmente estamos más seguros en los estados en que las ejecuciones son tan comunes que apenas merecen cobertura de prensa. La gente está preguntando si podemos estar seguros de que los ejecutados son verdaderamente culpables, dada la evidencia de condenas equivocadas y deficiente representación legal en casos de pena de muerte. Saludamos una legislación que aborde estas cuestiones como una manera de enfocar la falta de equidad que constituye la pena de muerte. Pero principalmente, estamos preguntando si podemos enseñar que matar es errado matando a quienes han sido declarados culpables de matar a otros. Es hora de abandonar la pena de muerte, no sólo por lo que hace a los que son ejecutados, sino por cómo nos disminuye a todos nosotros.

> No podemos superar lo que el papa Juan Pablo II llamó una "cultura de la muerte", no podemos revertir lo que hemos llamado una "cultura de la violencia" y no podemos construir una "cultura de la vida" matando con la autorización del estado. Como dijimos antes y reafirmamos hoy:

No podemos superar el crimen simplemente ejecutando críminales, ni podemos restituir las vidas de los inocentes terminando con las vidas de los declarados culpables de sus asesinatos. La pena de muerte ofrece la trágica ilusión de que podemos defender la vida arrebatando la vida.[4]

Pedimos a todos los católicos —pastores, catequistas, educadores y feligreses— que se unan a nosotros a pensar nuevamente esta difícil problemática y a que nos cómprometamos a buscar la justicia sin venganza. Con nuestro Santo Padre, buscamos construir una sociedad tan comprometida con la vida humana que no sancione la muerte de ningún ser humano.

1. El gobierno federal, que tiene sólo el 0.5% de los presos que esperan ejecución, concluyó recientemente un estudio de estas diecinueve personas condenadas a muerte. La conclusión es que a pesar de serios esfuerzos por asegurar equidad en cuanto a sentenciados a pena de muerte por delitos federales, 14 de los internos son afroamericanos, cinco son caucásicos y uno es hispano (U.S. Department of Justice, Survey of the Federal Death Penalty System: 1988-2000 [Washington, DC, 2000]).

2. U.S. Catholic Bishops, Vivir el Evangelio de la vida: Reto a los Católicos de Estados Unidos (Washington, DC, 1998), 15.

3. Si desea el texto completo sobre el tratamiento de la pena de muerte, véase Catecismo de la Iglesia Católica, 2ª edición (Washington, D.C: United States Catholic Conference, 2001), Nº 2263-2267. Véase también nota Nº 32.

4. Administrative Board, United States Catholic Conference, Llamado del Viernes Santo para abolir la pena de muerte (Washington, DC: United States Catholic Conference, 1999), 3.

acuestan con hambre. Todo enfoque amplio de la justicia penal debe abordar estos factores, pero debe también considerar el impacto positivo de familias fuertes, intactas. Los padres tienen un rol crítico e irreemplazable como guardianes y guías primordiales de sus hijos. Uno sólo tiene que observar cómo las pandillas suelen proporcionar a algunos jóvenes un sentido de pertenencia y esperanza cuando sus únicas experiencias han sido una pobreza agobiadora y la desintegración familiar. Y si bien es cierto que muchos niños pobres, que son producto de familias disfuncionales, nunca cometen delitos, la pobreza y la desintegración familiar son factores de riesgo significativos para la actividad delictiva. Finalmente, debe estar al alcance de todos los niños una educación de calidad que los prepare para un empleo provechoso, educación superior y ciudadanía responsable. El fracaso de nuestro sistema educativo en muchas comunidades contribuye a la delincuencia. Luchar contra la pobreza, educar a los niños y apoyar a las familias son estrategias esenciales contra la delincuencia.

(4) *Desafiar la cultura de la violencia y alentar una cultura de vida.* Todos nosotros debemos hacer más para poner fin a la violencia en el hogar y encontrar maneras de ayudar a las víctimas a escapar de patrones de abuso.[35] Como obispos, apoyamos medidas que controlen la venta y uso de armas de fuego y las hagan más seguras (especialmente esfuerzos que eviten su uso no supervisado por parte de niños o cualquier otra persona que no sea el propietario), y reiteramos nuestro llamado a una regulación sensata de las armas de uso personal.[36]

Igualmente, no podemos ignorar los valores culturales subyacentes que ayudan a crear un entorno violento: una negación de lo que está bien y lo que está mal, una educación que ignora valores fundamentales, un abandono de la responsabilidad personal, un enfoque excesivo y egoísta sobre nuestros deseos individuales, una creciente pérdida de sentido de obligación hacia nuestros hijos y vecinos, y un equivocado énfasis en adquirir riqueza y posesiones. Y, en particular, se debe emplazar a los medios de comunicación a dejar de glorificar la violencia y explotar la sexualidad.[37] Las imágenes e información de los medios pueden comunicar temor y una percepción distorsionada del delito. Alentamos a los medios a presentar un cuadro más equilibrado, que no minimice la dignidad humana de la víctima o la del ofensor.[38] En pocas palabras, a menudo dejamos de valorar la vida y apreciar a los seres humanos por encima de nuestros deseos de posesiones, poder y placer.[39]

Nos unimos al papa Juan Pablo II al renovar nuestra oposición firme, y basada en nuestros principios, a la pena de muerte. Nos oponemos a la pena capital no sólo por lo que hace a los culpables de crímenes horrendos, sino por cómo afecta a la sociedad; además, tenemos medios alternativos hoy día para proteger a la sociedad de las personas violentas. Como dijimos en nuestro *Llamado del Viernes Santo para abolir la pena de muerte,*

> El aumento en la dependencia de la pena de muerte nos empequeñece y es una señal de la creciente falta de respeto por la vida humana. No podemos vencer el crimen simplemente ejecutando a los criminales, ni tampoco restituir la vida de los inocentes, acabando con la vida de los que han sido condenados por sus asesinatos. La pena de muerte da la trágica ilusión de que podemos defender la vida quitando la vida.[40]

(5) *Ofrecer a las víctimas la oportunidad de participar más plenamente en el proceso de la justicia penal.*

Las víctimas y sus familias deben ocupar un lugar central en una reforma del sistema penal. Además de las heridas físicas que sufren algunas víctimas, todas las víctimas quedan con cicatrices emocionales que puede ser que nunca curen del todo. Y como la mayoría de agresores no son aprehendidos por sus crímenes, estas víctimas no tienen siquiera la satisfacción de saber que se ha hecho que el agresor responda por sus actos. Estos casos no cerrados pueden aumentar los temores de las víctimas y hacer más difícil la curación.

Esta preocupación, que para las víctimas es vital, puede ser mal empleada. Algunas tácticas pueden alimentar el odio, no la rehabilitación: por ejemplo, maximizar las condenas porque sí, y proponer políticas punitivas que contradigan los valores que sostenemos. Pero no se debe permitir que tales abusos nos aparten de una respuesta genuina a las víctimas y a su legítima y necesaria participación en el sistema penal. Las víctimas de la delincuencia tienen el derecho de ser mantenidas informadas durante todo el proceso de la justicia penal. Deben poder compartir su dolor y el impacto de la delincuencia en sus vidas después de la sentencia inculpatoria y de maneras apropiadas durante el proceso de aplicación de la sentencia. Si lo desean, deben poder enfrentarse con

DE ESPOSOS QUE SON PASTORES PENITENCIARIOS VOLUNTARIOS

Poco antes de Navidad, el Evangelio del domingo fue Mateo 25:35-39: "¿Cuándo te vimos enfermo o en la cárcel y fuimos a verte?" Esa tarde, vi un aviso clasificado de un trabajador social penitenciario que rogaba a la gente enviar una tarjeta de Navidad a hombres encarcelados que hacía años no recibían una visita o una carta.

En respuesta a dicho llamado empezó nuestro viaje de 25 años de servicio pastoral penitenciario. Mi esposo y yo empezamos con grupos de discusión semanal con internos bajo la orientación de capellanes católicos en varias prisiones. Hombres y mujeres encontraron sus voces, compartieron sus dolores espirituales y hallaron solaz en las lecturas bíblicas y la compañía.

Luego hubo talleres de tres días de desarrollo de la fe para presos, similares a cursillos. Muchos presos se vieron bajo una nueva luz: como hijos de Dios. Más tarde se encontró la oportunidad de participar en un grupo ecuménico que hacía talleres de tres días de formación del carácter en Alternativas a la Violencia, un proyecto iniciado por los cuáqueros. Ingeniosos ejercicios para desarrollar autoconfianza, compasión, comunicación, cooperación y habilidades en resolución de conflictos resultaron deliciosos. Con frecuencia, podíamos ver un despertar interior y la luz retornando a los ojos de un preso. Todos estos contactos humanos especiales crearon dentro de nosotros un gran respeto por el increíble potencial y hermosos dones presentes en todo ser humano, y profundizaron nuestra fe en la divina providencia.

Esas experiencias llevaron a la creencia en que el sistema penal podría hacer mucho más por el crecimiento y restitución de prisioneros "no terminados".

el agresor y pedir reparación por sus pérdidas. En este respecto, ofrecemos respaldo general a una legislación que responda a las necesidades y los derechos de las víctimas, y urgimos a cada estado a fortalecer los programas de apoyo a las víctimas.

(6) *Alentar programas innovadores de justicia restitutiva que brinden la oportunidad de mediación entre víctimas y agresores y ofrezcan restitución por los delitos cometidos.*

En muchas comunidades se está desarrollando, de modo cada vez más amplio y positivo, lo que se denomina justicia restitutiva.

DE UN ALCAIDE DE PRISIÓN FEDERAL QUE PRESENCIÓ A UN OBISPO ATENDER A RECLUSOS

Medía poco más de 1.60 m. y era delgado, muy tranquilo y humilde. Cuando, como parte de su gira, pidió visitar la unidad de segregación del Centro Correccional Metropolitano Federal de Miami en 1988, yo dudé. Después de casi 20 años de trabajo penitenciario sabía que las unidades de segregación podían ser lugares peligrosos, ruidosos y a menudo deprimentes. Era allí donde colocábamos a los que no podían, o no querían, comportarse correctamente dentro de la pobla-ción general de internos. Allí estaban los depredadores, los descontentos, los que amenazaban a la autoridad, así como . . . los que eran las víctimas . . . renuentes o incapaces de vivir con otros internos. Tales unidades son usualmente terriblemente estrepitosas, y el aire suele estar lleno de amenazas, maldiciones y, a veces, llantos.

Augustin Roman, el obispo auxiliar de Miami, estaba en el centro cumpliendo con sus deberes pastorales. Como alcaide, yo era responsable de su seguridad y nunca me hubiese perdonado si sufría situaciones embarazosas, maltrato o daño. Sería mejor, traté de explicarle, si pasaba por alto la unidad. Me miró con suaves ojos oscuros y adujo que debía recorrer la unidad, pues allí estaban los más necesitados del cuidado de Dios.

Al ingresar a la unidad, el estruendo era mayor que de costumbre, y me preocupó que el obispo pudiera ser blanco de insultos. Sin perturbarse por el ruido, se dirigió a la primera celda. Platicó brevemente con los internos, los bendijo, y siguió adelante. A medida que avanzaba, la unidad iba quedándo en silencio. Lo seguí y vi a presos que sabía que eran matones callejeros violentos con lágrimas en los ojos, arrodilládos, persignándose y pidiéndole que rezara por ellos. Al salir, la unidad estaba tan silenciosa como una tumba. El rostro del obispo estaba radiante cuando sonrió y me agradeció. Yo le agradecí a él, pues me había hecho testigo de la obra de Dios.

La justicia restitutiva se centra en primer lugar en la víctima y la comunidad dañadas por la delincuencia, en vez del modelo dominante de "el estado contra el delincuente". Este cambio de enfoque afirma el daño y la pérdida de la víctima, así como el daño y temor de la comunidad, e insiste en que los transgresores asuman las consecuencias de sus actos. Estos enfoques no son "blandos con la delincuencia", pues llaman específicamente a que el agresor se enfrente con las víctimas y las comunidades.

Esta experiencia ofrece a las víctimas un sentido mucho mayor de paz y responsabilidad. Los transgresores dispuestos a hacer frente a las consecuencias de sus actos están más preparados para aceptar su responsabilidad, hacer reparaciones y reconstruir sus vidas.

La justicia restitutiva refleja también nuestros valores y tradición. Nuestra fe nos llama a hacer a las personas responsables de sus actos, a perdonar y a curar. Centrarse principalmente en la infracción legal sin reconocimiento del daño humano no promueve nuestros valores.

Un posible componente de un enfoque de justicia restitutiva es la mediación entre víctima y agresor. Con ayuda de un facilitador calificado, estos programas ofrecen a las víctimas o sus familias la oportunidad de compartir el daño hecho a sus vidas y bienes, y proporciona un lugar para que el agresor se enfrente con su víctima, admita su responsabilidad, reconozca el daño y acepte restituir. Sin embargo, reconocemos que los programas de mediación víctima-agresor deben ser un elemento voluntario del sistema penal. Nunca debe pedirse a las víctimas que tomen parte en programas de mediación. A veces el dolor y la ira son demasiado profundos para intentar un proceso semejante.

Cuando las víctimas no pueden confrontar a sus agresores —por ejemplo, debido a que puede ser demasiado penoso o el agresor no ha sido aprehendido—, pueden elegir integrar un "panel de impacto". Dirigidos por consejeros profesionales, estos paneles reúnen a víctimas y agresores que han estado involucrados en delitos similares y pueden asistir a la víctima a curarse, a la comunidad a entender el delito y al transgresor a asumir un sentido de responsabilidad.

(7) *Insistir en que las condenas tengan un propósito constructivo y rehabilitador.*
Nuestro sistema penal debe castigar a los transgresores y, de ser necesario, encarcelarlos para proteger a la sociedad. Sin embargo, su encarcelamiento debe tener un sentido que vaya más allá de la condena. Puesto que casi todos los internos retornarán a la sociedad, las prisiones deben ser lugares en que los transgresores sean instados, alentados y recompensados por sus esfuerzos para cambiar su conducta y actitudes, y en que aprendan los conocimientos necesarios para desempeñarse en un empleo y en la vida en comunidad. Llamamos al gobierno a reorientar la vasta suma de recursos públicos que se usa en construir prisiones y dedicarlos a programas mejores y más eficaces destinados a la prevención de la delincuencia, rehabilitación, campañas educativas, tratamiento de abuso de sustancias y programas de libertad condicional y reintegración.

Debe darse un renovado énfasis a los sistemas de libertad condicional como alternativas al encarcelamiento, especialmente para transgresores no violentos. Liberar dinero destinado a construir prisiones para emplearlo en promover estos sistemas debe ser una prioridad máxima. El abandono del sistema de libertad condicional, como algunos estados han hecho, combinado con la ausencia de un compromiso claro de programas de rehabilitación dentro de las prisiones, convierte a éstas en depósitos donde los reclusos envejecen, sin esperanza, sus vidas desperdiciadas.

Además, la actual tendencia de ubicar prisiones en áreas remotas, muy lejos de las comunidades donde se cometen la mayoría la delincuencias, crea tremendas penurias sobre a las familias de los presos. Este problema es particularmente agudo entre internos sentenciados por delitos federales y prisioneros estatales que cumplen su sentencia fuera del estado. Es probable que los familiares e hijos tengan que viajar largas distancias, a menudo con grandes gastos, para ver a sus seres queridos. Estar alejados del hogar también es un problema para los miembros de la comunidad religiosa que buscan ofrecer una atención pastoral muy necesitada. Estar lejos de los sistemas de apoyo es especialmente duro para los infractores juveniles, que necesitan apoyo de la familia y la comunidad. La seguridad pública no gana nada con ubicar prisiones en comunidades remotas —el contacto regular de los internos con sus familiares y amigos reduce la probabilidad de que a su liberación regresen a una vida la delincuencias.

No todos los transgresores están dispuestos al tratamiento, pero todos merecen recibir el reto y el aliento para revertir el curso de su vida. Los programas penitenciarios que ofrecen a los transgresores educación, habilidades para la vida, expresión religiosa y recuperación de la drogadicción y alcoholismo reducen considerablemente la reincidencia, benefician a la sociedad y ayudan a los transgresores cuando éstos se reintegran en la comunidad. Estos programas deben ponerse a disposición de las instituciones correccionales sin importar el nivel de seguridad, y deben ofrecerse, en la medida de lo posible, en el idioma de los reclusos. También debe haber disponibles en nuestras comunidades programas efectivos de prevención y tratamiento.

Los obispos cuestionamos que corporaciones privadas, con fines de lucro, puedan administrar con eficiencia las prisiones. La finalidad lucrativa puede llevar a reducir los esfuerzos por cambiar conductas, tratar el consumo de drogas y alcohol y ofrecer las habilidades necesarias para la reintegración en la comunidad. Sin consideración de quién administre las prisiones, nos oponemos al creciente uso de las unidades de aislamiento, especialmente en ausencia del debido proceso, y del monitoreo y la evaluación profesional de los efectos de tal confinamiento en la salud mental de los reclusos.

Finalmente, debemos acoger a los ex transgresores en su regreso a la sociedad como miembros con plena participación, en la medida de lo posible, y apoyar su derecho a votar.

(8) *Alentar la rehabilitación y renovación espiritual de quienes cometen delitos.*

Los funcionarios penitenciarios deben alentar a los reclusos a buscar formación espiritual y participar en los cultos. Los intentos de limitar a los reclusos la expresión de sus creencias religiosas no sólo son contraproducentes para los esfuerzos de rehabilitación, sino también inconstitucionales. Como pastores, seguiremos presionando por mayor acceso a los prisioneros mediante nuestros programas de capellanía, incluyendo los de voluntarios dedicados. Nos oponemos a las limitaciones a la auténtica expresión religiosa de los prisioneros y los bloqueos viales que inhiben el servicio pastoral en prisión. La negativa y las onerosas restricciones a la presencia religiosa en las prisiones constituyen una violación de la libertad religiosa. Todo indica que una participación y formación religiosa genuina es un camino a la renovación y rehabilitación de los que han delinquido. Esto incluye el contacto con voluntarios parroquiales capacitados que ayuden a mantener la fe religiosa de los reclusos y ex transgresores.

(9) *Asumir el compromiso de enfrentar la drogadicción y la enfermedad mental en la delincuencia.*

Muchas, demasiadas personas se encuentran en prisión principalmente por adicción a las drogas. Encerrar adictos sin el debido tratamiento y luego devolverlos a las calles perpetúa un ciclo de conducta que no beneficia ni al transgresor ni a la sociedad.

Las personas que sufren de dependencia de químicos deben tener acceso al tratamiento que podría liberarlos a ellas y sus familias de la esclavitud de la adicción, y liberarnos a todos los demás de los delitos que cometen para sostener esta adicción. Este esfuerzo requerirá recursos federales, estatales y locales para la prevención y tratamiento de los que consumen alcohol y drogas. No proporcionar estos recursos ahora costará mucho más a largo plazo. Los que consumen alcohol y drogas no deben estar tras las rejas, a fin de poder recibir tratamiento por su conducta adictiva.

Debemos abordar los problemas subyacentes que a su vez atraen a los drogadictos a una economía ilegal: falta de empleo, pobreza, educación inadecuada, desintegración familiar, falta de propósito y sentido, pobres condiciones de vivienda, y desamparo y codicia. La venta y uso de drogas —para hacer dinero o para buscar un escape— son inaceptables.

Al menos un tercio de los presos están encarcelados por delitos vinculados a las drogas. Muchos de ellos probablemente se beneficiarían de alternativas al encarcelamiento. Los "tribunales anti-drogas" —donde los que abusan de las drogas son apartados de los tribunales penales tradicionales y llevados a programas serios de tratamiento— son una innovación que parece ofrecer grandes promesas y deben ser alentados.

Igualmente, a veces los delitos son cometidos por individuos que sufren de enfermedades mentales graves. Si bien el gobierno tiene la obligación de proteger a la comunidad de quienes se vuelven agresivos o violentos debido a una enfermedad mental, tiene también la responsabilidad de ver que el transgresor o transgresora reciba el tratamiento adecuado a su enfermedad. Con demasiada frecuencia la enfermedad mental queda sin ser diagnosticada, y muchos que se encuentran en nuestro sistema penitenciario estarían mejor en otros establecimientos mejor equipados para manejar sus necesidades particulares.

(10) *Tratar con justicia a los inmigrantes.*
Como país, debemos acoger a los recién llegados y verlos como personas que enriquecen nuestro patrimonio cultural. Reconocemos que la ley trata a inmigrantes y ciudadanos de manera diferente, pero a nadie se le debe negar el derecho a procedimientos judiciales justos. Urgimos al gobierno federal a restablecer el proceso básico debido a los inmigrantes (incluyendo la revocatoria de la detención obligatoria) y permitir a los que buscan asilo, una audiencia justa. Los migrantes que no puedan ser deportados porque su país de origen no los aceptará no deben ser encarcelados

indefinidamente. Los inmigrantes legales que hayan cumplido sentencias por sus delitos no deben ser condenados nuevamente y deportados, muchas veces dejando familiares tras de sí. Muchos de estos inmigrantes han llegado a ser miembros valiosos de sus comunidades. Igualmente, nos oponemos a restricciones onerosas sobre la expresión religiosa y el servicio pastoral a los inmigrantes y solicitantes de asilo detenidos bajo la jurisdicción del Servicio de Inmigración y Naturalización (INS) y urgimos al INS a garantizar el acceso a personal pastoral calificado.

(11) *Poner el delito en el contexto de la comunidad y basarse en alternativas prometedoras que potencien los barrios y ciudades para restablecer una sensación de seguridad.*

La "comunidad" no es sólo un lugar para vivir; el término describe también la red de relaciones y recursos que nos une y nos ayuda a lidiar con nuestros desafíos cotidianos. El temor al delito y la violencia desgarra esta red. Algunos residentes de barrios convulsionados enfrentan otro tipo de comunidad, el de las pandillas callejeras. Estos residentes se sienten impotentes para hacerse cargo de los duros muchachos de las pandillas y tienen poca esperanza en que la situación mejore alguna vez.

Pero hay comunidades en que individuos comprometidos están dispuestos a asumir riesgos y reunir a la gente para enfrentar a las pandillas y la violencia. Muchas veces organizados por iglesias, y financiados por nuestra Campaña Católica para el Desarrollo Humano, estos grupos comunitarios se asocian con la policía local para identificar mercados de drogas, desarrollar estrategias específicas para tratar los problemas delictivos actuales y potenciales, e identificar jóvenes en riesgo para su intervención temprana. Al reunir a muchos elementos de la comunidad, pueden idear estrategias para limpiar las calles y recuperar sus barrios.

Una estrategia comunitaria exitosa es la Coalición Diez Puntos de Boston, a la que se le acredita reducir las muertes de jóvenes por armas de fuego, en un periodo de varios años, de proporciones epidémicas a casi cero. Esta estrategia requiere una estrecha relación entre líderes religiosos y funcionarios judiciales y de las fuerzas del orden, así como una amplia presencia de personas religiosas en las calles ofreciendo asistencia social, oportunidades educativas y recreación supervisada de jóvenes en riesgo. La estrategia envía también una señal clara de que no se tolerará la actividad delictiva en la comunidad. Estrategias similares a la de la coalición bostoniana están surgiendo ahora en otras ciudades.

Otra estrategia de base comunitaria para prevenir la delincuencia es el modelo "ventana rota". Sus proponentes sostienen que la tolerancia de los delitos menores (como romper ventanas de autos y fábricas) socava el orden público y lleva a delitos más graves. Detener la delincuencia en la etapa de romper ventanas demuestra que una campaña de bajo costo y alta visibilidad puede ser eficaz para prevenir el delito.

La vigilancia en el ámbito de la comunidad y los grupos de ronda vecinal han resultado ser modelos eficaces de control de la delincuencia y fortalecimiento de la comunidad, potenciando a los líderes locales para que resuelvan sus propios problemas. Estos esfuerzos reflejan los principios de la enseñanza social católica de solidaridad, subsidiariedad y búsqueda del bien común.

Misión de la Iglesia

L DESAFÍO DE REFRENAR LA DELINCUENCIA y remodelar el sistema penal no es sólo una cuestión de políticas públicas, sino también una prueba del compromiso católico. Enfrentados a tanta violencia y delincuencia, nuestra fe llama a la Iglesia a la responsabilidad y la acción. Una amplia variedad de comunidades católicas ha respondido con impresionantes programas de servicio y apoyo. En muchas diócesis, Catholic Charities está extendiendo su ayuda a las víctimas, a los encarcelados y sus familias, ex transgresores y otras personas afectadas por el delito y el sistema penal mediante orientación, programas de empleo y tratamiento, así como de esfuerzos de intervención temprana dirigidos a familias e individuos en riesgo. Sin embargo, se necesita más. Nuestra comunidad de fe está llamada a

(1) *Enseñar a distinguir el bien del mal, respeto a la vida y la ley, perdón y misericordia.*

Nuestras creencias sobre la santidad de la vida y dignidad humana deben ocupar el centro de nuestro enfoque de estas cuestiones. Respetamos la humanidad y promovemos la dignidad humana tanto de las víctimas como de los agresores. Creemos que la sociedad debe proteger a sus ciudadanos de la violencia y el delito y hacer responder por sus actos a los que infringen la ley. Estos mismos principios nos llevan a abogar por la rehabilitación y tratamiento de los transgresores, pues, como las víctimas, sus vidas reflejan esa misma dignidad. Tanto las víctimas como los autores de delitos la delincuencias son hijos de Dios.

Incluso con nuevas visiones, ideas y estrategias, los obispos tenemos expectativas modestas sobre cuán bien funcionarán éstas sin una revolución moral en nuestra sociedad. Las políticas y programas, si bien necesarios, no pueden sustituir un énfasis renovado en los valores tradicionales de familia y comunidad, respeto y responsabilidad, misericordia y justicia y distinción del bien y el mal. La sabiduría, el amor y los mandamientos de Dios pueden mostrarnos la manera de vivir juntos, respetarnos a nosotros mismos y a los demás, curar a las víctimas y agresores y renovar las comunidades. "No matarás" y "No robarás" son todavía reglas necesarias de una sociedad civil e imperativos para el bien común. Nuestra Iglesia enseña estos valores todos los días en el púlpito y las parroquias, en las escuelas y programas de educación de adultos, y mediante la defensa y promoción y el testimonio en la plaza pública. Las instituciones católicas que ofrecen programas para la juventud y pastorales de adultos jóvenes —entre ellas las escuelas católicas, Catholic Charities y las agencias de San Vicente de Paúl— son baluartes contra la delincuencia, proporcionando formación para jóvenes, cursos de superación personal y capacitación para padres, orientación y alternativas para niños y familias en problemas, y servicios de rehabilitación para ex reclusos.

(2) *Estar al lado de las víctimas y sus familias.*
Muchas veces las víctimas de la delincuencia y sus familias acuden a sus parroquias locales en busca de compasión y apoyo. Los pastores y ministros parroquiales deben estar preparados para responder rápida y eficazmente. En el pasado, no cumplir con esto ha provocado que se alejen de la Iglesia víctimas de la delincuencia y/o familiares de éstas. Nuestra presencia pastoral con las víctimas debe ser compasiva y constante, lo cual incluye desarrollar programas de servicio pastoral para las víctimas. Tales programas enseñarán a los agentes pastorales a reconocer

la tensión emocional sentida por las víctimas, comprender que su búsqueda de la integridad puede tomar mucho tiempo y alentar a las víctimas a que en vez de la venganza reorienten su ira en busca de la verdadera justicia y la auténtica rehabilitación.

(3) *Extender la mano a los transgresores y sus familias, abogar por mayor tratamiento y proveer a las necesidades pastorales de todos los involucrados.*

Las familias de los transgresores también están necesitadas de nuestra presencia pastoral. Ver que un ser querido deja de responder a los ideales familiares, los valores de la comunidad y las exigencias de la ley causa intenso dolor y pérdida. El Evangelio nos llama, como personas de fe, a prestar auxilio espiritual a las familias de los encarcelados y especialmente a los hijos que pierden al padre o a la madre con su encarcelamiento.

Sabemos que la fe tiene un efecto transformador en todas nuestras vidas. En consecuencia, la rehabilitación y la restitución deben incluir la dimensión espiritual de la curación y la esperanza. La Iglesia debe estar presta a ayudar a los transgresores a descubrir la buena nueva del Evangelio y cómo puede éste transformar sus vidas. No debe haber prisiones, cárceles o centros de detención que no tengan un ministerio católico y una presencia católica regular y permanente. Debemos asegurar que los encarcelados tengan acceso a estos sacramentos. Debemos especialmente comprometer más recursos de nuestra Iglesia a apoyar y preparar capellanes, voluntarios y otros que traten de hacer el sistema más justo y humano. Estamos agradecidos con los que dan vida al Evangelio en su auxilio espiritual a los afectados por la delincuencia y los encarcelados. La Iglesia debe también estar presta a ayudar a las familias de los presos, especialmente a los hijos pequeños que dejan tras de sí.

Una manera de ayudar a reintegrar a los transgresores en la comunidad es desarrollar programas parroquiales de mentoría que empiecen a ayudar a los transgresores antes de su liberación y les presten asistencia en la difícil transición de vuelta a la comunidad. Estos programas pueden reducir la reincidencia y desafiar a las comunidades de fe a hacer realidad los valores evangélicos del perdón, la reconciliación y la responsabilidad en todos los miembros del Cuerpo de Cristo. Los programas de mentoría ofrecen un entorno de apoyo, amor y asistencia concreta a ex transgresores a la vez que educan también a los feligreses en la enseñanza católica y la justicia restitutiva.

Los programas de orientación de grupos familiares han sido especialmente efectivos en reorientar a jóvenes que se encuentran distanciados de sus familias. Consejeros capacitados pueden ayudar a las familias a identificar los patrones de conducta negativos en su relación mutua y ofrecer medios alternativos de comunicar y hacer más fuertes a las familias.

(4) *Fortalecer la comunidad.*
Toda parroquia existe dentro de una comunidad. Cuando se produce un delito, la comunidad entera se siente menos segura y protegida. Las parroquias están llamadas a ayudar a reconstruir sus comunidades. Las asociaciones entre iglesias, fuerzas de la ley, empresas y grupos de vigilancia vecinal, así como agencias de servicio social, de tratamiento de drogadicción y de salud mental, pueden ayudar a enfrentar la delincuencia en el barrio. La comunidad parroquial puede ser también de gran ayuda para desarrollar programas de auxilio pastoral en las cárceles y con las víctimas. La Campaña Católica para el Desarrollo Humano apoya muchos esfuerzos creativos para prevenir la delincuencia y reconstruir la comunidad.

(5) *Abogar por políticas que ayuden a reducir la violencia, proteger a los inocentes, dar participación a las víctimas y ofrecer alternativas reales al delito.*
Como gente de fe y como ciudadanos, estamos llamados a involucrarnos en la sociedad civil y en abogar por políticas que reflejen nuestros valores. Los enfoques actuales sobre la delincuencia,

las víctimas y la violencia a menudo tienen poco de los valores de nuestra fe. Debemos resistirnos a políticas que simplemente instan a más prisiones, sentencias más drásticas y mayor dependencia de la pena de muerte. Debemos, por el contrario, promover políticas que dediquen más recursos a programas de restitución, educación y tratamiento de la drogadicción. Debemos abogar a favor de los más vulnerables a la delincuencia (los jóvenes y los ancianos), afianzar la seguridad de la comunidad y atacar los principales factores que contribuyen a la delincuencia, como la destrucción de la vida familiar, la pobreza, la proliferación de armas de fuego, adicción a las drogas y alcohol y la generalizada cultura de la violencia. Debemos también alentar programas de justicia restitutiva que se enfoquen en la rehabilitación de la comunidad y en la responsabilidad personal.

(6) *Organizar consultas diocesanas y estatales.*

En esta declaración, hemos tratado de reflejar lo que hemos aprendido mediante nuestras consultas con los involucrados en el sistema penal. Más difíciles de expresar fueron sus muchas y elocuentes experiencias personales de dolor y alegría, de esperanza y desengaño, de éxito y fracaso. Sus experiencias y desafíos nos han conmovido profundamente y nos han ayudado a enfocarnos en las dimensiones humanas de este conjunto enormemente complejo de problemas. Algunas de sus historias han sido incluidas como parte de estas reflexiones.

Alentamos a los líderes diocesanos a convocar procesos similares de compromiso y diálogo con las personas concernidas en el sistema: víctimas de la delincuencia, ex reclusos, capellanes de cárceles, jueces, oficiales de policía, líderes comunitarios, fiscales, familiares de víctimas y agresores y otros. Pedirles compartir su fe, historias personales y esperanzas y temores. Escuchar puede llevar a la acción. Este tipo de diálogo puede alentar a las parroquias a prestar auxilio espiritual a víctimas y reclusos, orientar a jóvenes en problemas y ayudar a ex prisioneros a reintegrarse a la sociedad.

A nivel estatal, urgimos a reuniones similares realizadas con los auspicios de las conferencias católicas estatales. Estas organizaciones católicas clave en materia de políticas públicas pueden compartir su mensaje con legisladores influyentes y ayudar a modelar nuevas políticas.

(7) *Trabajar por nuevos enfoques.* Ninguna declaración puede sustituir a los valores y voces de los católicos que trabajan por la reforma. Esperamos que estas reflexiones alentarán a los que se encuentran ya trabajando por la reforma tanto dentro como fuera del sistema. Esperamos también que muchos otros se les unirán en los esfuerzos por prevenir la delincuencia, prestar asistencia a las víctimas, ofrecer auxilio pastoral y rehabilitación en nuestras prisiones, ayudar a reintegrar a los ex transgresores y abogar por nuevos enfoques.

Nuestra conferencia nacional de obispos buscará compartir el mensaje de esta declaración. Mediante nuestra Campaña Católica para el Desarrollo Humano y otros programas, ofreceremos ideas y opciones, orientaciones y recursos, para quienes estén dispuestos a asumir este reto.

Conclusión

LOS OBISPOS CATÓLICOS esperamos que estas modestas reflexiones estimularán un diálogo renovado entre los católicos y otras personas de buena voluntad sobre cuestiones y acciones referentes la delincuencia y la justicia penal. Alentamos y respaldamos a los llamados por nuestra comunidad a auxiliar espiritualmente a prisioneros y víctimas y a todas las personas que trabajan directamente en el sistema penal. Sugerimos que usen estas reflexiones para evaluar cómo puede el sistema inclinarse menos a la venganza y más a la restitución. Oramos por que estas palabras ofrezcan algún consuelo a las víctimas y comunidades amenazadas por la delincuencia, y planteamos a todos los católicos el desafío de involucrarse más en restituir las comunidades a su integralidad.

Somos guiados por la paradójica enseñanza católica sobre la delincuencia y las condenas. No toleraremos la delincuencia y la violencia que amenazan las vidas y dignidad de nuestros hermanos y hermanas, y no abandonaremos a los que han perdido el camino. Buscamos tanto justicia como misericordia. Trabajando juntos, creemos que nuestra fe nos llama a proteger la seguridad pública, promover el bien común y restituir la comunidad. Creemos que una ética católica de responsabilidad, rehabilitación y restitución puede llegar a ser el cimiento de la reforma necesaria de nuestro quebrado sistema penal.

Apéndice
Sugerencias para la acción

LA COMUNIDAD CATÓLICA tiene una extraordinaria historia y capacidad para ayudar a modelar la problemática de la delincuencia y la justicia penal en Estados Unidos. Pocas organizaciones hacen más para evitar la delincuencia o curar sus efectos que la Iglesia Católica. Mediante muchos católicos dedicados, programas pastorales penitenciarios, campañas parroquiales de servicio social, escuelas católicas, oficinas diocesanas de paz y justicia, proyectos de organización comunitaria, programas de reintegración de ex transgresores, orientación familiar, programas de recuperación de la drogadicción y el alcoholismo y servicios de beneficencia a personas de bajos ingresos, la comunidad católica responde en una amplia variedad de formas a las preocupaciones generadas por la justicia penal. Pero podemos hacer más.

Esta lista de sugerencias y recursos de ninguna manera es exhaustiva. Pretende más bien dar a los católicos, en forma individual, a las parroquias y diócesis una orientación sobre programas y políticas que reflejen los principios y valores católicos en nuestro trabajo conjunto de llevar a la práctica esta declaración.

ENSEÑAR A DISTINGUIR EL BIEN DEL MAL, RESPETO A LA VIDA, PERDÓN Y MISERICORDIA

Curas párrocos, educadores católicos y una amplia variedad de campañas asisten a los padres a enseñar a los hijos a distinguir el bien del mal, el respeto a la vida y el perdón y la misericordia. Los católicos pueden tener también impacto en sus propias familias y comunidades, cuando enseñan con el ejemplo y demuestran estos valores en sus acciones.

El respeto por la vida humana —el pilar de la enseñanza social católica— es un factor clave en nuestro trabajo en justicia penal porque nosotros creemos que la actual cultura de violencia contribuye a la delincuencia. Los obispos urgimos a los católicos a trabajar contra la violencia del aborto, la eutanasia y el suicidio asistido. Instamos a emprender una nueva campaña para abolir la pena de muerte. Además, los católicos deben trabajar para asegurar que todos tengan acceso a las cosas que acrecientan la vida y la dignidad: vivienda decente, un empleo con salario de subsistencia y atención de la salud. Los católicos pueden

* Promover una cultura de vida, alternativas al aborto que apoyen la adopción, cuidado de familias sustitutas y hogares para madres solteras.
* Leer la declaración de los Obispos Católicos de EE.UU., *Renovar la mentalidad de los medios de comunicación: Declaración para vencer la explotación del sexo y la violencia en las comunicaciones*, que ofrece maneras en que los católicos pueden ayudar a reducir el uso de contenido violento y sexual en radio y televisión y en medios impresos y películas.
* Apoyar programas locales que ofrezcan a los jóvenes oportunidades que formen el carácter y dirijan sus energías a empeños positivos: atletismo, escoutismo, programas sociales después de la escuela y actividades vespertinas auspiciadas por la Iglesia, y programas de tutelaje y alfabetización.

- Alentar a las escuelas, iglesias y centros vecinales a enseñar resolución de conflictos, especialmente a los niños, como una manera de reducir la tensión y la violencia.
- Trabajar para asegurar que la comunidad disponga de empleos, vivienda asequible y accesibilidad a servicios de salud.
- Oponerse a intentos por imponer o ampliar la pena de muerte en su estado. En los estados que sancionan la pena de muerte, unirse a organizaciones que trabajan por reducir su uso (ej., prohibir la ejecución de adolescentes o enfermos mentales) y a las que demandan su abolición.
- Invitar a discusiones parroquiales en busca de respuestas conjuntas a la pena de muerte —tales como vigilias públicas de oración, redoble de campanas de las iglesias, prácticas penitenciarias— cuando esté programada una ejecución.

ESTAR AL LADO DE LAS VÍCTIMAS Y SUS FAMILIAS

El testimonio de la Iglesia a las víctimas y sus familias debe ser más enfocado y amplio. Debemos ver a las víctimas como personas con muchas necesidades, no sólo las satisfechas por el sistema penal. El rol del gobierno es asegurar que el agresor sea castigado, que se hagan reparaciones y que la comunidad se sienta segura, pero las víctimas tienen necesidades espirituales, físicas y emocionales que suelen ser mejor atendidas por la familia, los amigos, los vecinos y la comunidad de fe. La Iglesia debe procurar políticas y programas que respondan a todas las necesidades de las víctimas de la delincuencia, tal como lo hacemos con las víctimas de desastres naturales. Para apoyar a las víctimas, los católicos pueden:

- Aprender más sobre los tipos de programas a disposición de las víctimas a nivel local. Por ejemplo, muchos estados ofrecen reparaciones a las víctimas de la violencia, y algunas iglesias locales han desarrollado efectivos programas de auxilio pastoral a las víctimas. Las parroquias católicas pueden trabajar para descubrir las brechas en la atención de las necesidades de las víctimas y explorar maneras de llenar dichas brechas.

- Apoyar programas locales que trabajen para capacitar a personas en auxilio pastoral a víctimas. Donde no existan estos programas, unirse a otros grupos eclesiásticos, cívicos y comunitarios para formar redes de personas dispuestas a responder a las necesidades materiales, emocionales y espirituales de las víctimas.

- Promover programas de auxilio pastoral a víctimas a nivel parroquial con la meta de tener una presencia constante y general entre los afectados por la delincuencia. Los feligreses pueden llevar comidas, asegurar ventanas y puertas rotas y ofrecer apoyo emocional a las víctimas de robos en sus casas o de encuentros violentos. Los ministros pastorales deben familiarizarse con los servicios disponibles mediante Catholic Charities y otras agencias de orientación y programas de víctimas y ayudar a conectar a éstas con dichos servicios.

EXTENDER LA MANO A LOS TRANSGRESORES Y SUS FAMILIAS

Tal como las víctimas de la delincuencia tienen una variedad de necesidades, también las tienen los agresores y sus familias, especialmente los hijos de los transgresores. La Iglesia no sólo debe tener una fuerte presencia en prisiones y cárceles —donde los católicos trabajamos para cubrir las necesidades espirituales y emocionales de los presos— sino que debe hacer especiales esfuerzos por asistir a los hijos que quedan sin el apoyo de su padre o madre encarcelado. Los católicos pueden:

- Promover programas de auxilio pastoral a nivel diocesano y parroquial. Apoyamos a los dedicados diáconos y sacerdotes que llevan a cabo esta misión. Damos la bienvenida a los agentes pastorales laicos —tanto voluntarios como profesionales— que sean indispensables en este ministerio.

- Acudir en auxilio de las familias de los presos. Las parroquias pueden prestar orientación a las familias atrapadas en el ciclo de la delincuencia, asistir con transporte a las visitas a las cárceles, ofrecer asistencia material cuando se pierdan los ingresos debido al encarcelamiento y proporcionar asesoramiento (a menudo mediante agencias de Catholic Charities).

- Promover programas de reintegración. A menudo el momento más difícil para un ex recluso es tratar de reintegrarse en su comunidad. Algunas parroquias han dispuesto propiedades de la Iglesia como casas de transición mientras que otras prestan asistencia espiritual, material y emocional, que el sistema de libertad condicional raramente proporciona.

FORTALECER LA COMUNIDAD

Los católicos creen que la vida en comunidad permite a todas las personas ser plenamente humanas. Valoramos las familias fuertes e intactas y las comunidades saludables. La delincuencia, especialmente la que viene acompañada de violencia, muchas veces destruye familias y comunidades y puede hacer que todos se sientan menos seguros o protegidos. Se alienta a los católicos a promover todas las cosas que apoyan la vida familiar y sostienen la comunidad. Los católicos pueden:

- Promover en los barrios una serie de actividades que alienten la participación activa en la vida de la comunidad. Los grupos de rondas vecinales, vigilancia orientada a la comunidad y asociaciones entre las fuerzas de la ley y la comunidad religiosa local son todos parte de la red de relaciones que crean comunidades seguras y protegidas.
- Promover el trabajo de la Campaña Católica para el Desarrollo Humano en sus diócesis locales contribuyendo generosamente a la colecta anual. Lo obtenido en la colecta vuelve a la comunidad, para ayudar a organizar proyectos que congregan a la gente a trabajar en las necesidades de la comunidad, incluyendo lo referente a la delincuencia y la justicia penal.
- Apoyar en su comunidad programas dedicados a la juventud y a fortalecer la autoestima de ésta. Hacerse un Hermano o Hermana Mayor, orientar a niños en riesgo y apoyar programas escolares o de centros comunitarios que ofrezcan diversiones a los niños entre las 3:00 p.m. y 8:00 p.m., horas en que la supervisión de los padres suele ser inadecuada.
- Descubrir nuevas maneras de tratar con los agresores. Modelos tales como la "Coalición Diez Puntos" de Boston pueden ser

copiados en muchas comunidades. Estos programas alientan las asociaciones entre iglesias locales y la policía y apartan a los adolescentes en problemas de una vida la delincuencia para hacerse ciudadanos productivos.

ABOGAR POR POLÍTICAS QUE OFREZCAN ALTERNATIVAS REALES A LA DELINCUENCIA

Las obras de beneficencia cubren un largo trecho en la resolución de algunos de los problemas de la delincuencia y el trato injusto. Sin embargo, en un nuevo enfoque de la delincuencia y la justicia penal son también esenciales los esfuerzos por cambiar políticas y acrecentar programas que afecten el tratamiento de las víctimas y agresores, y esfuerzos que ayuden a restituir las comunidades afectadas por la delincuencia. Los católicos debemos llevar nuestras creencias y valores a la atención de quienes se encuentran en posición de influir en las políticas.

Las conferencias católicas estatales, oficinas diocesanas (ej., en cuanto a preocupaciones pro-vida, educativas, sociales) y redes parroquiales de presión social legislativa pueden ayudar a los católicos a apoyar políticas públicas que reflejen nuestros valores. Los católicos pueden:

- Aprender sobre políticas federales, estatales y locales que afecten cómo se administra la justicia penal.
- Unirse a redes legislativas diocesanas para asegurar que se escuche la voz católica en la problemática de la delincuencia y la justicia penal. Si sus diócesis no tienen una red legislativa, llamar a la conferencia católica de su estado o visitar la página web de la Oficina de Desarrollo Social Doméstica de los obispos de EE.UU. en *www.usccb.org/about/domestic-social-development/* para consultar medidas que se pueden tomar a nivel nacional.
- Conversar con fiscales, jueces, jefes de policía y otros involucrados en el sistema penal e indagar sobre sus puntos de vista respecto a cómo puede el sistema reflejar mejor nuestros valores y prioridades.

ORGANIZAR CONSULTAS DIOCESANAS

La función primordial de la Iglesia es congregar a personas de diferentes puntos de vista y ayudarlas a llegar a terreno en común. De este diálogo puede obtenerse una mayor apreciación de diversas perspectivas, credibilidad para la participación de la Iglesia en las problemáticas, y en último término un cambio de mentalidad y actitud en quienes pueden tener alguna influencia sobre el sistema penal de modo que refleje más cabalmente los valores del Evangelio.

- Los obispos alentamos a las diócesis a invitar a capellanes de cárceles y prisiones, víctimas de la delincuencia, oficiales de correccionales, jueces, alcaides, ex presidiarios, oficiales de policía y agentes de libertad condicional, consejeros familiares y de drogadicción y alcoholismo, líderes comunitarios y otros a asistir a las sesiones. El propósito de estas sesiones sería llegar a una mejor apreciación de todas las partes afectadas por la delincuencia e involucradas en el sistema penal, para buscar terreno en común sobre enfoques locales de la delincuencia, colaborar más cómodamente en áreas de interés mutuo y fortalecer la comunidad entre todas estas personas de buena voluntad que están tratando de hacer la sociedad más segura y la vida más completa.
- Las conferencias católicas estatales pueden reunir a formuladores de política, ministros pastorales y otras partes interesadas a nivel estatal y abocarse a un proceso similar de escuchar, aprender y planificar en un esfuerzo por hacer que el sistema penal refleje mejor la justicia y la misericordia, la responsabilidad y la rehabilitación, la restitución y la integralidad.

Notas

1. De una entrevista con el Jefe de Capellanes, Federal Bureau of Prisons, Chaplaincy Office (1999).
2. Federal Bureau of Investigation, *Uniform Crime Reporting 1999 Preliminary Annual Report* (Washington, DC, mayo 1999).
3. U.S. Department of Justice, Bureau of Justice Statistics, *Crime Victimization 1998*, BJS Publication Nº 176353 (Washington, DC).
4. U.S. Department of Justice, Bureau of Justice Statistics, *Homicide Trends in the U.S. by Age, Gender and Race* (Washington, DC, 1997).
5. U.S. Department of Justice, Bureau of Justice Statistics, *Incarcerated Parents and Their Children*, BJS Publication Nº 182335 (Washington, DC, 2000).
6. Entre las preocupaciones de las víctimas están sus deseos de ser notificadas de las audiencias de detención y de ser escuchadas en éstas, de buscar restitución y de ser notificadas de escapes, entre otros.
7. The Association of Certified Fraud Examiners, *Report to the Nation on Occupational Fraud and Abuse* <http://www.cfenet.com/ newsandfacts/ fraudfacts/reporttothenation/index.shtml> (2000).
8. Andre Kuhn, "Prison Populations in Western Europe", en *Overcrowded Times—A Comparative Perspective*, ed. Michael Tonry y K. Hatlestad (Nueva York: Oxford University Press, 1997).
9. Kuhn, "Sanctions and their Severity", en *Crime and Criminal Justice Systems in Europe and North America 1900-1994*, ed. K. Kangasunta, M. Joutsen y N. Ollus (Helsinki, Finland: European Institute for Crime Prevention and Control [HEUNI], 1998).
10. Amnesty International, *United States of America: Rights for All* (Londres, 1998), 73.
11. Por ejemplo, según *The California Budget Project*, los gastos penitenciarios del estado de California crecieron seis veces entre 1980 y 1999, mientras que los gastos en educación aumentaron sólo 218% en el mismo periodo. California figura ahora en el puesto 41 entre los estados en materia de fondos destinados a la educación por alumno ("Dollars and Democracy: An Advocate's Guide to the California State Budget Process" [Sacramento, Calif., marzo 1999]).
12. Los obispos de los Apalaches reconocieron esta tendencia en la declaración *At Home in the Web of Life*, observando que en su región "los

desempleados [están] disponibles como mano de obra barata para vigilar a los incontables encarcelados, ellos mismos también desechados . . . ."

13. U.S. Department of Justice, Bureau of Justice Statistics, *Prison and Jail Inmates*, 1999, NCJ Nº 183476 (Washington, DC, 2000).

14. U.S. Department of Justice, Bureau of Justice Statistics, *Correctional Populations in the United States* (Washington, DC, 1998).

15. U.S. Department of Justice, Bureau of Justice Statistics, *Prison and Jail Inmates*, 1999, NCJ Nº 183476 (Washington, DC, 2000).

16. Cf. Ronald H. Weich y Carlos T. Angulo, *Justice on Trial: Racial Disparities in the American Criminal Justice System*, Leadership Conference on Civil Rights and Leadership Conference Education Fund (abril 2000); y The National Council on Crime and Delinquency, And Justice for Some (abril 2000).

17. U.S. Department of Justice, Bureau of Justice Statistics, *Substance Abuse and Treatment, State and Federal Prisoners*, 1997 (Washington, DC, 1999).

18. U.S. Department of Justice, Bureau of Justice Statistics, *Mental Health and Treatment of Inmates and Probationers* (Washington, DC, 1999).

19. Esta cifra se deriva de comparar cifras penitenciarias publicadas por el Departamento de Justicia de EE.UU. para 1980 y 1999.

20. Estas leyes componen la Ley de Reforma de Inmigración Ilegal y de Responsabilidad de Inmigración (Illegal Immigration Reform and Immigration Responsibility Act) de 1996.

21. F. Cullen y P. Gendreau, "The Effectiveness of Correctional Rehabilitation: Reconsidering the 'Nothing Works' Debate", en *American Prisons: Issues in Research and Policy*, ed. L. Goodstein and D. MacKenzie (Nueva York: Plenum, 1989), pp. 23-44; y Robert Martinson, "What Works?—Questions and Answers About Prison Reform", The Public Interest (primavera 1974): 22-54.

22. National Institute of Justice, *1998 Annual Report on Drug Use Among Adult and Juvenile Arrestees* (Washington, DC, 1999).

23. Los cuatro recientes estudios nacionales que incluyeron miles de temas son (1) el Estudio Prospectivo de Resultados de Tratamiento [Treatment Outcomes Prospective Study (TOPS)], (2) el Estudio de Resultados de Tratamiento de Abuso de Drogas [Drug Abuse Treatment Outcome Study (DATOS)], (3) el Estudio de Resultados de Investigación de Servicios [Services Research Outcomes Study (SROS)] y (4) el Estudio Nacional de Evaluación de Mejora con Tratamiento [National Treatment Improvement Evaluation Study (NTIES)]. Cada uno de los estudios encontró firme evidencia de efectividad. Por ejemplo, TOPS encontró que el tratamiento de abuso de drogas llevó a un 60% de reducción en el uso semanal de heroína y un 27% de reducción en delito predatorio un año después del tratamiento (R. L. Hubbard, et al., *Drug Abuse Treatment: A National Study of Effectiveness* [Chapel Hill, N.C., 1989], Nº 2140). DATOS encontró un 69% de reducción en el número de usuarios semanales de heroína doce meses después del tratamiento y encontró que la probabilidad de estar en prisión para una persona en programas

antidrogas de pacientes externos cayó de 69% en el año anterior al tratamiento a 25% en el año posterior al tratamiento (Hubbard, et al., vista general del seguimiento de un año de DATOS en *Psychology of Addictive Behaviors* [1997], N° 2139). SROS encontró un 21% de reducción general en el uso de cualquier droga ilícita luego del tratamiento (Office of Applied Studies, *Services Research Outcome Study* [Department of Health and Human Services, Substance Abuse and Mental Health Services Administration, 1998], N° 2144). NTIES encontró que 50% de clientes usó crack en el año anterior al tratamiento en comparación con 25% durante el año posterior al tratamiento e identificó las siguientes disminuciones en la actividad delictiva: 78% de disminución en venta de drogas, 82% en robos a tiendas y 78% en golpizas a alguien (D. R. Gerstein, et al., *The National Treatment Evaluation Study: Final Report* [Department of Health and Human Services, Substance Abuse and Mental Health Services Administration, 1997], N° 2138)

24. Un estudio encontró que los costos a la sociedad asociados con la delincuencia y la productividad perdida se redujeron en $7.46 como resultado de cada dólar gastado en tratamiento. En contraste, estos costos se redujeron en $0.15 por cada dólar gastado en programas de erradicación de cultivos en otros países, en $0.32 por cada dólar gastado en interdicción mediante decomisos de cocaína y otras posesiones vinculadas a las drogas, y en $0.52 por cada dólar gastado en aplicación de la legislación nacional y encarcelamiento (C. P. Rydell y S. S. Everingham, *Controlling Cocaine: Supply Versus Demand Programs* [Santa Monica, Calif.: RAND Corporation, 1994], N° 2134).

25. RAND Corporation (1998), N° 2135.

26. Don Andrews, Craig Dowden y Paul Gendreau, "Psychologically Informed Treatment: Clinically Relevant and Psychologically Informed Approaches to Reduced Re-Offending: A Meta-Analytic Study of Human Service, Risk, Need, Responsivity and Other Concerns in Justice Contexts" (1999).

27. Byron R. Johnson, David B. Larson y Timothy G. Pitts, "Religious programs, institutional adjustment, and recidivism among former inmates in prison fellowship programs", *Justice Quarterly* 14:1 (marzo 1997).

28. Thomas O'Connor y Crystal Parikh, "Best Practices for Ethics and Religion in Community Corrections", The ICCA Journal on Community Corrections 8:4 (1998): 26-32; y A. Skotnicki, "Religion and the Development of the American Penal System", tesis doctoral (Graduate Theological Union, 1992). En estos artículos, los autores destacan las tradiciones de los puritanos y los cuáqueros y sus contribuciones a nuestro moderno sistema penal.

29. Juan Pablo II, *Mensaje de Su Santidad Juan Pablo II por el Jubileo en las Prisiones* (Ciudad del Vaticano, Junio 24, 2000).

30. Cf. los pensamientos del papa Juan Pablo II, *El Evangelio de la Vida* (Evangelium Vitae), N° 56: "El problema [de la pena de muerte] debe ser visto en el contexto de un sistema de justicia penal aún más en línea con

la dignidad humana y, así, en último término, con el plan de Dios para el hombre y la sociedad".

31. Wisconsin's Roman Catholic Bishops, *Public Safety, the Common Good, and the Church: A Statement on Crime and Punishment in Wisconsin* (September 1999). El texto completo de esta declaración aparece en Origins 29:17 (octubre 7, 1999): 261-266.

32. *Catecismo de la Iglesia Católica*, 2ª edición (Washington, D.C: United States Catholic Conference, 2001). He aquí pasajes pertinentes:

> La legítima defensa puede ser no sólo un derecho, sino un deber grave, para el que es responsable de la vida de otros. La defensa del bien común de la sociedad exige colocar a un injusto agresor en estado de no poder causar perjuicio. (Nº 2265)

> Los esfuerzos del estado por refrenar la propagación de conductas perjudiciales a los derechos de las personas y las normas básicas de la sociedad civil corresponden a la exigencia de preservar el bien común. La legítima autoridad pública tiene el derecho y el deber de infligir penas proporcionadas a la gravedad de la ofensa. Las penas tienen como primer efecto el de compensar el desorden introducido por la falta. Cuando la pena es aceptada voluntariamente por el culpable, tiene un valor de expiación. La pena tiene como efecto, además preservar el orden público y la seguridad de las personas. Finalmente, tiene también un valor medicinal, puesto que debe, en la medida de lo posible, contribuir a la enmienda del culpable. (Nº 2266, cursivas añadidas)

> Suponiendo que la identidad y responsabilidad de la parte culpable haya sido plenamente determinada, la enseñanza tradicional de la Iglesia no excluye el recurso a la pena de muerte, si ésta es la única manera posible de defender eficazmente vidas humanas contra un agresor injusto.

> Si los medios incruentos bastan para defender las vidas humanas contra el agresor y para proteger de él el orden público y la seguridad de las personas, en tal caso la autoridad se limitará a emplear sólo esos medios, porque ellos corresponden mejor a las condiciones concretas del bien común y son más conformes con la dignidad de la persona humana.

> Hoy día, en efecto, como consecuencia de las posibilidades que tiene el estado para prevenir efectivamente el delito, colocando al agresor en situación de no poder causar daño —sin quitarle definitivamente la posibilidad de redimirse—, los casos en que la ejecución del agresor es una necesidad absoluta "son muy raros, si no prácticamente inexistentes". (Nº 2267)

33. Juan Pablo II, *Sollicitudo Rei Socialis* (Washington, DC: United States Catholic Conference, 1987), Nº 38.

34. U.S. Department of Justice, Bureau of Justice Statistics, *Alcohol and Crime: An Analysis of National Data on the Prevalence of Alcohol Involvement in Crime* (Washington, DC, 1998).

35. Cf. Committee on Marriage and Family and Committee on Women in Society and in the Church, National Conference of Catholic Bishops, *Cuando pido ayuda: Una respuesta pastoral a la violencia doméstica contra la mujer* (Washington, DC: United States Catholic Conference, 1992).

36. Sin embargo, creemos que en el largo plazo y con pocas excepciones (ej., oficiales de policía, uso militar), las armas personales deben ser eliminadas de nuestra sociedad. "Además, el difundido uso de armas personales y armas automáticas en conexión con el narcotráfico refuerza nuestro repetido "llamado a una acción efectiva y valiente para controlar las armas personales, que lleve a su eventual eliminación de nuestra sociedad". U.S. Catholic Bishops, *New Slavery, New Freedom: A Pastoral Message on Substance Abuse* (Washington, DC: United States Catholic Conference, 1990), 10.

37. Cf. U.S. Catholic Bishops, *Renovar la mentalidad de los medios de comunicación: Declaración para vencer la explotación del sexo y la violencia en las comunicaciones* (Washington, DC: United States Catholic Conference, 1998).

38. Un reciente estudio de problemáticas cubiertas en las noticias vespertinas por importantes estaciones de televisión encontró que los reportajes de asesinatos subieron 336%, de 80% en 1990 a 375% en 1995, mientras que las tasas efectivas de asesinatos en dicho periodo declinaron 13%. Ver Marc Mauer, *Race to Incarcerate* (Nueva York: New Press, 1999), 172.

39. U.S. Catholic Bishops, *Confrontando la cultura de la violencia: Marco católico para la acción* (Washington, DC: United States Catholic Conference, 1995).

40. Administrative Board, United States Catholic Conference, *Llamado del Viernes Santo para abolir la pena de muerte* (Washington, DC: United States Catholic Conference, 1999), 3.